María Magdalena Domínguez

LA HISTORIA DE MAGDA

LA HISTORIA DE MAGDA
Escapando hacia la libertad

María Magdalena Domínguez

ALEJANDRO C. AGUIRRE PUBLISHING/EDITORIAL, CORP.
(917) 870-0233
WWW.ALEJANDROCAGUIRRE.COM

Alejandro C. Aguirre Publishing/Editorial, Corp.
1 (917) 870-0233
www.alejandrocaguirre.com

LA HISTORIA DE MAGDA

María Magdalena Domínguez

Número de Control de la Biblioteca del Congreso de EE. UU.:
ISBN: 9798610389714

Printed in the USA

Las opiniones expresadas en este trabajo son exclusivas del autor y no reflejan necesariamente las opiniones del editor.
Este libro fue impreso en los Estados Unidos de Norteamérica.

Fecha de revisión: 02/22/2020

Para realizar pedidos de este libro, contacte con:
Alejandro C. Aguirre Publishing/Editorial, Corp.

Dentro de EE. UU. Al 917.870.0233
Desde México al 01.917.870.0233
Desde otro país al +1.917.870.0233
Ventas: www.alejandrocaguirre.com

DEDICATORIA

Este libro está dedicado con todo mi corazón a mis tres grandes amores, mis hijos José, Margarita y Lizette Gatica.

Ellos han sido y siguen siendo la razón y el motor de mi vida, como también la mayor motivación y la fuerza para seguir adelante.

AGRADECIMIENTOS

Me encuentro profundamente agradecida con Dios y con la Virgen de Guadalupe, por la fe que me han dado, la que me ha sostenido en los momentos más difíciles de mi vida.

A mis padres, por darme la vida e inculcarme principios y valores sólidos para ser un mejor ser humano.

A mis nietos Gerardo Jr., Maritza, Miguel y Melissa Torres, por ser mi inspiración para encontrar el verdadero significado de una existencia maravillosa.

A mis yernos Gerardo Torres y José Flores, por el gran apoyo que siempre me han brindado.

A Alejandra Galarza, por estar junto a mí en los momentos que más he necesitado, ¡gracias amiga mía!

A Consuelo Sandoval, por las enseñanzas y los consejos que me ha dado y por apoyarme con su gran sabiduría.

A Malinali Román, por tomarme la fotografía para la portada de este libro.

ÍNDICE

REFLEXIÓN: VIVIENDO EN LIBERTAD

PRÓLOGO

Esta es una historia basada en hechos reales, salpicados con un toque mágico, maravilloso, que comienza con el relato de mi infancia, transcurrida en ese pueblo en el que aprendí las cosas más simples y sencillas, donde el amor abunda por todos los rincones y el tiempo se detiene simplemente para contemplar su propia existencia.

Mi libro narra mi vida, e incentiva a todo aquel que lo lea, a la superación de cualquier circunstancia adversa que se pueda presentar, con la seguridad de que por muy complicada que esta sea, no nos vencerá, ni nos dejará sumidos en el abismo de lo desconocido, o más bien, en el doloroso territorio conocido de la enseñanza más terrible en nuestro caminar; si la enfrentamos con esperanza viva y la convicción firme de que habremos de salir victoriosos, para hacer lo que deseamos, con la responsabilidad y la dedicación necesarias, que nos lleven a cumplir el propósito que Dios tiene para cada uno de nosotros.

En esta obra narro como reconstruí cada milímetro de mí misma, para renacer con cicatrices sanadas, ya sin temor a abrirse. Tal vez toqué fondo, pero supe levantarme y ponerme de pie, porque mi fe es muy grande e inamovible, y estoy segura de que, sin ella, me hubiera sido imposible salir de la prisión vacía y llena de nada en la que me encontraba. Fue difícil enfrentar los obstáculos que me derrumbaban una y otra vez, pero al final lo logré.

La experiencia me ha enseñado que los tropiezos, una vez rebasados, nos dan la facilidad de alzar el vuelo cada vez más alto, si los analizamos desde un ángulo distinto y nos damos cuenta de que lo sucedido es solo una experiencia difícil, sin posibilidades de alojarse en nuestro ser. Mantengamos intacta nuestra esencia más pura, enfocándonos en lo que en realidad tiene importancia, impulsados por la fuerza inmensa y cristalina que proviene de la certeza de que nada es imposible y siempre hay una solución para cada problema, pues Dios camina siempre a nuestro lado, llevándonos de las manos y nunca nos soltará ni nos dejará solos en nuestro andar.

Sé que solo tenemos un instante en este espacio del universo y hay que aprovecharlo para vivir con toda intensidad, por lo que debemos superar cualquier impedimento de la índole que este sea y no permitirle a la obscuridad que nos derrote, haciéndole frente hasta vencerla, atravesarla y dejarla atrás; para luego seguir adelante cada vez con más fuerza, permitiendo nuestra realización en todos los sentidos.

En retrospectiva, ¡no tengo la menor duda de que mi inquebrantable fe en Dios fue la que me permitió escapar hacia la libertad!

La vida es un instante que no podemos dejar pasar y que debemos aprovechar al máximo, viviendo intensamente cada momento, cada minuto, cada segundo de nuestro existir para dejar una huella de fuerza y superación a donde quiera que vayamos.

La autora

RESEÑA

Desde tiempos remotos existen leyendas románticas de caballeros en sus flamantes armaduras y veloces corceles rescatando a sus doncellas de algún peligro.

Igualmente hay relatos de hombres honorables que han dado la vida por sus mujeres, confiando en que ellas tomarían su lugar vacío, para sacar adelante a los hijos; princesas y príncipes educados en valores y tratados con amor y respeto para el florecer de la familia.

La historia de la humanidad está llena de estos hermosos relatos, los cuales en más ocasiones de las que nos gustaría reconocer, están por completo alejados de la realidad, porque en todas las culturas y en todos los continentes aún permea la violencia intrafamiliar, que llega a alcanzar niveles inimaginables como «el uso y la costumbre», que permite que una niña sea raptada para matrimonio por el novio y sus familiares, usanza criminal, que incluye una violación para consumar el compromiso.

Estas prácticas aberrantes donde el «macho alfa» ejerce su voluntad y control enfermizo, obliga a la mujer a soportar servidumbre, violencia, esclavitud y negación de sus creencias, aniquilando su derecho de ser y de existir, víctima de una sociedad nihilista (término acuñado por Friedrich Jacobi para referirse a una persona o grupo que no tiene respeto por los valores o creencias, es insensible ante la moral, el amor, la belleza y la vida).

La Historia de Magda de la autora María Magdalena Domínguez, deja un mensaje hermoso y conmovedor que nos enfrenta con la terrible realidad de la desvalorización femenina, que aqueja en la actualidad a muchos países alrededor del mundo.

Este relato cálido e inocente toca el alma, inspirándonos a no perder nuestra esencia, aún en contra de las peores adversidades, porque como sucede en el mito de Pandora, después de todos los males, en el fondo de la caja más obscura siempre resplandece la esperanza.

Editorial

INTRODUCCIÓN

Ambientado en un hermoso lugar de la provincia mexicana, este libro conmovedor y extraordinario narra la valiente aventura de una jovencita, que se aferró a la vida a pesar de la ignominia, gracias a su inquebrantable fe en Dios, unas bases morales intachables, la sabiduría de un corazón amoroso y una férrea voluntad para seguir adelante a pesar de tener todo en contra.

Página tras página se observan las muchas virtudes de la protagonista, una mujer totalmente resiliente, las que se levantan y la cubren para permitirle sobrevivir en un mundo fragmentado y desquiciante que casi le arrebata su instinto más básico: el de la existencia.

Esta obra es un orgulloso canto a la vida, sonoro y poderoso que nos recuerda la infinita capacidad de ser, hacer y crear que tiene una mujer.

Resultaría profundamente esperanzador que este relato formara parte de la fantasía de Magda o estuviera ambientado siglos atrás, como parte de un pasado lejano y olvidado. Por desgracia no es así. Aún en nuestros días en muchos pueblos de México y quizá de otros países latinoamericanos «las niñas son raptadas o secuestradas, abusadas por sus captores. Utilizando su poder para saciar sus deseos más bajos y mezquinos. Inclusive, llegan a ser vendidas por sus padres a cambio de una vaca o un cerdo o se les entrega en matrimonio al mejor postor, sin tomar en cuenta su opinión».

Esta desgarradora realidad todavía vulnera a nuestra sociedad y nos obliga a preguntarnos ¿Qué estamos haciendo mal? ¿Por qué en pleno siglo XXI seguimos sin darle respeto, igualdad y libertad a las mujeres?

Es lamentable que testimonios conmovedores como la de *La historia de Magda*, sucedan alrededor del mundo en este instante y sean el único y nefasto futuro de muchas hermosas niñas desde el momento mismo de su nacimiento.

Por fortuna no todo está perdido, mujeres maravillosas como la autora María Magdalena Domínguez, transforman a su favor la situación de vida más aberrante, desde la fuerza interminable que emana de su infinito amor hacia sus hijos y poco a poco educan a su descendencia hacia el cambio con esperanza, para sembrar un mejor presente y aspirar a un futuro diferente, rompiendo de manera definitiva el siniestro paradigma que las convirtió en víctimas; listas para emerger del dolor más profundo como poderosas guerreras de luz, que al final, habrán de vencer la ignorancia y la cobardía.

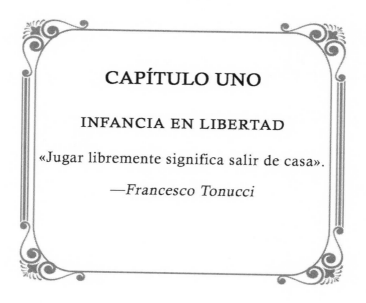

CAPÍTULO UNO

INFANCIA EN LIBERTAD

«Jugar libremente significa salir de casa».

—*Francesco Tonucci*

EN LAS ALTURAS

Tenía apenas siete años de edad cuando iba a trabajar al campo con mi papá y mi abuelito, en aquel entonces yo corría con libertad entre los sembradíos más extensos de aquellas hermosas verdes praderas y dejaba que el viento acariciara y jugara con los largos cabellos negros que caían por mi espalda. Felizmente y con mucha habilidad subía hasta la rama más alta de un árbol, para contemplar las casas de adobe y bahareque (palos entretejidos amalgamados con lodo y paja) para mí espectaculares, con sus techos de palma de caída amplia.

Me encantaba mirar la hermosura de mi pueblo desde lo alto de mi árbol y a las plantas de maíz, cacahuate, ajonjolí, chile y tomate que mi abuelo y mi papá sembraban. Había cañas alrededor de cada sembradío y abundaban los árboles de guayaba, tejocote, ciruela, anona y guanábana, al igual que cultivos y plantas de calabaza con sus comestibles y llamativas flores, sin faltar las verdolagas, los quelites y los frijoles.

Aunque en el pueblo no había electricidad, recuerdo la perfecta iluminación de las puestas de sol y la subsecuente aparición de la luz tenue de la luna y las estrellas. ¡Qué feliz vivía!, sin preocupaciones solo admirando las maravillas de la naturaleza y la vida.

En retrospectiva desearía que ese tiempo mágico no hubiese terminado nunca, para seguir sintiendo esa tranquilidad en el alma y el corazón, todo aquello que tanto me inspiraba a inventar historias mágicas en mi mente, por supuesto con finales siempre increíbles, emocionantes y sobre todo felices.

En realidad, disfrutaba con la piel de la inocencia esos momentos, mientras mentalmente recorría cada espacio del pueblo y sus caminos silenciosos que parecían juguetear con las curvas de lo inesperado.

¡Qué tranquilidad siento al pensar en esos lugares increíbles!, para mí era de cuento de hadas, todo se transforma en mi memoria con el color de esos campos verdes y las flores con aroma a libertad.

En aquellos días, mi abuelo viéndome de forma disimulada y sin decir nada, me dejaba subir al árbol porque me quería mucho y me consentía más que a nadie. Eso no lo podía hacer frente a papá, así que al ver que se acercaba yo bajaba rápido de mi árbol para evitar un regaño, no por la travesura sino por el temor que él sentía de que sufriera una caída.

Me gustaba recostarme sobre la hierba con las manos extendidas a mirar el cielo de color azul profundo y contemplar el bello atardecer con el sol opaco queriéndose ocultar entre los cerros. ¡Todo me parecía hermoso!

Mientras papá arreglaba los aparejos para irnos a casa, yo corría atravesando el sembradío, llegaba hasta la orilla del río, sin alejarme demasiado de mi padre y mi abuelito, inmediatamente me descalzaba y caminaba sobre la arena mojada disfrutando de su suavidad. ¡Me encantaba la sensación que se generaba al contacto con mis pies! En esos momentos deseaba que no oscureciera tan pronto, para poder seguir disfrutando de ese lugar.

Era espectacular y pintoresco ver como las mariposas con alas de mil colores revoloteaban alrededor de las flores. Ellas también me esperaban ansiosas para acompañarme y parecía que al igual que a mí nada les preocupaba.

Cuando una antes crisálida me gustaba, corría detrás de ella hasta atraparla, la contemplaba sobre mi mano y platicaba con ella. Parecía que me entendía, enseguida la soltaba y como si le gustara mi conversación, revoloteaba a mi alrededor con ganas de seguir escuchándome.

Una sonrisa se dibuja en mis labios, recuerdo como mi imaginación volaba mientras me recostaba sobre la arena y con una sonrisa dibujada en mis labios, disfrutaba soñando despierta una historia mágica donde yo era una princesa y me gustaba contarla en voz alta a mí misma.

Dejaba que mi mente que era mi cómplice, me transportara al futuro y a otros mundos fantásticos, donde mi ensoñación siempre dependía de mis espontáneos sentimientos infantiles.

De pronto, escuchaba el grito de mi padre llamándome para irnos a casa, entonces guardaba de inmediato y con cuidado mi historia en un lugar encantado de mi mente, subía a un caballo y regresábamos a nuestro hogar. Al llegar mamá ya nos esperaba con una deliciosa cena, acompañada de tortillas de masa de maíz aplanadas a mano y cocinadas sobre un comal de barro y leña.

JUEGOS

A veces mis primos llegaban y compartíamos nuestra pequeña mesa abarrotada de comida hecha con amor, donde lo importante era la convivencia y lo emocionante era que yo me sentaba a lado de mi papá.

Después salíamos al patio para descansar alrededor de mi abuelo esperando con ansias escuchar un cuento o una historia que él siempre tenía preparada.

Mientras lo miraba y escuchaba hablar me trasladaba en intervalos a los lugares que narraba, cuando terminaba era el tiempo de correr, sudar, pensar y divertirnos.

¡Reíamos tanto!, hasta que el estómago nos dolía y disfrutábamos la bonita interacción entre hermanos y primos, cultivada por nuestros juegos infantiles, los mismos que entre nostalgias han quedado en el olvido.

La diversión acababa cuando el abuelo y mis papás decían que ya era hora de irnos a la cama y el gran patio quedaba solo, iluminado por un candil de petróleo y la luz de la luna, hasta otro nuevo día que nos encaminaba a seguir con nuestra rutina familiar.

Todas las mañanas me levantaba temprano para ir a la escuela, pero antes me tomaba un vaso de leche fresca, de las vacas recién ordeñadas por mi padre, quién se despertaba antes de despuntar el alba para que nuestro desayuno estuviera completo.

Recuerdo que mientras me preparaba para asistir a clases, mamá me peinaba haciéndome trenzas, una en cada lado. A mí nunca me gustaron, yo prefería andar con el cabello suelto, me sentía más libre, pero a la escuela si tenía que ir muy limpia y peinada.

Trataba de llegar temprano al salón de clases para sentarme adelante, así cuando el maestro dictaba la lección yo estaba lista para no perderme ni una sola palabra. Me encantaba leer, escribir y desde pequeña la clase de español fue mi favorita.

Al salir de la escuela llegaba a la casa, me cambiaba y recogía las viandas que mi mamá ya tenía preparadas, para llevarlas en especial a mi padre y a abuelito que estaban trabajando el campo junto a otros hombres. Al llegar con ellos, allí debajo de un árbol frondoso con hojas verdes, muy verdes era donde nos sentábamos a comer. Aunque no había sillas ni mesa, hacíamos una rueda sentados en el suelo, mientras disfrutábamos de la comida preparada amorosamente por mi madre, quien era una cocinera extraordinaria. Tenía una sazón sublime con la que hacía de todo aquello que cocinaban sus manos, una delicia.

CAMINAR EN ZAPATILLAS

Realmente era tan feliz que no me importaba que después de comer, papá me pusiera a trabajar limpiando los sembradíos de hierbas u otras labores menores, porque finalmente al caer la tarde corría hacia la orilla del río para sacar mi historia de su lugar mágico y darle continuación. Seguía soñando despierta.

¡En mi historia me sentía como la Cenicienta! Cómo olvidar la zapatilla en una fiesta, ¡qué problema! si yo ni a las fiestas iba, ni zapatillas tenía. Una sonrisa se asomaba entre mis labios. No importaba, pronto iría a alguna reunión y me pondría unas zapatillas, aunque tuviera que pedirlas prestadas. Entre tanto practicaba la forma correcta de caminar con tacones y ahí en la orilla del río, sobre la arena mojada, caminaba de puntitas de un lado a otro hasta que me cansaba.

Volvía a recostarme en el borde del río viendo las aguas cristalinas de tono azulado, mientras escuchaba una melodía mezclada con los compases del agua, el canto de las aves y el revolotear de las mariposas, con el perfume de flores frescas, agua fresca y arena húmeda, un aroma a naturaleza viva, que me transportaba a los lugares más increíbles de mi imaginación. Era un mundo estimulado por esa maravilla de colores muy matizados con el aire que se quedaba callado, envolviendo el gran ambiente de una tranquilidad inexplicable.

Solo existían en mis labios el sabor de sonrisas libres y los suspiros de alguna tristeza infantil desechada.

Recuerdo con profunda nostalgia el encanto indescriptible de ese lugar donde se vivía plenamente y se respiraba paz interior por cada poro de la piel.

No me hacía falta nada porque todo lo tenía. Podía dormir con el arrullo de la luz tenue de la luna y despertar con el susurro de las tranquilas aguas del río, adornado con el revolotear de alitas de mil colores. Era como un soplo de aire que me lanzaba a vivir dentro de una cápsula de felicidad.

Ahí en ese lugar disfruté mucho de mi infancia en libertad, donde la naturaleza dejó su esencia en la pureza de mi alma.

REFLEXIÓN

HAGA DE SU VIDA UNA FIESTA

¡Disfrute el suave compás de la melodía que le ofrece su diario vivir! Baile al son de las cosas pequeñas y sencillas, como esos breves momentos que hacen maravilloso su existir. Valórelos y vívalos con detenimiento, pues en ellos podrá encontrar gotitas de felicidad. Abra sus manos y todos sus sentidos y deje que se llenen de la dulce armonía que proviene de la infinita belleza que emana de los sueños por cumplir.

Permita que su niño interior salga a jugar con usted sin importar su edad, pues el día a día le regala experiencias extraordinarias plagadas de momentos mágicos e inolvidables, como subir a un columpio, lanzarse por una resbaladilla o tararear alguna cancioncilla muy querida de la infancia.

Goce cada minuto, cada segundo, cada instante. Dance, bese, sufra, ame al máximo y mantenga en sus labios su sonrisa, sin importar las circunstancias que pueda enfrentar.

María Magdalena Domínguez

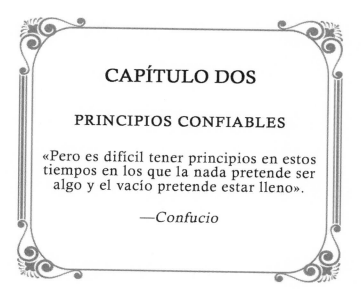

CAPÍTULO DOS

PRINCIPIOS CONFIABLES

«Pero es difícil tener principios en estos tiempos en los que la nada pretende ser algo y el vacío pretende estar lleno».

—*Confucio*

RESPETO

Desde muy pequeña mis padres me dijeron y con su ejemplo me inculcaron, que para ser una persona respetable tenía que saber respetar a los demás y sobre todo que nunca le faltara al respeto a una persona mayor que yo —lo que jamás he hecho—. Los principios y los valores son adquiridos en la niñez y son tan confiables que funcionan como una máxima, solo hay que dejarse guiar por el corazón.

Soy una mujer que sabe lo que es vivir siempre con humildad, honestidad y de manera auténtica, debido precisamente a que fue lo que aprendí en el seno de mi familia y con los años he comprendido que la base de todo eso es el respeto. Hoy sé que ese principio de vida tan fundamental, que tanto se atropella, fue en gran medida uno de los pilares que me sostuvo en aquella etapa de tinieblas por la que pase.

SUEÑOS

En mi pueblo no existe la preocupación por las cosas materiales y mucho menos por el dinero. Allá los sueños son poderosos y se visualizan como reales. Eso me ha llevado a creer en la realización de mis anhelos más escondidos e increíbles, esos que le animan a uno cada día a perseguirlos, con la confianza de lograrlos de forma exitosa.

Tal vez el recibir mucho amor de parte de mis padres, abuelo, hermanos, primos, tíos y amigos me enseñó a confiar plenamente en la vida y aprendí a valorarme como una mujer sin máscaras, ni caretas. Recuerdo como si fuera hoy el día cuando supe que la vida nos ofrece un lado positivo, pero también uno negativo y lo mejor es saber elegir como vivir y hacia donde se quiere ir. Para mí el mejor camino es el que me llevara hacia el lugar perfecto, pero presentándose sin mentiras ni egos, con los pies descalzos bien puestos sobre la arena.

Qué maravilla es darnos la oportunidad de soñar y más allá ponerle alas a esos sueños que a través de objetivos y metas los podamos echar a volar, para al final verlos hacerse realidad.

CONFIANZA

No me gusta decir mentiras, ni responder una pregunta que no quiero contestar. Una de mis frases es: si no quiero decir la verdad y voy a decir una mentira, mejor me quedo callada.

Mis padres tal vez nunca fueron a una escuela, pero nos inculcaron esos principios confiables, con los que siempre tomaron las más acertadas decisiones y a su vez me dieron los mejores consejos. Sus ecos aún resuenan en mi vida. La honestidad y la humildad principalmente basada en el respeto, me ha permitido confiar con plenitud en lo que hago y en todo aquello que puedo lograr. No entendía muy bien cuando se me dijo, pero fue importante recodar en su momento, que no debía poner atención a las cosas vanas que existían y que aprendiera a decir no, sin temor alguno con firmeza.

Hoy día comprendo muy bien que la confianza es parte fundamental de la autoestima, nos conecta con la salud mental y con nuestro ser espiritual como eje de la fortaleza, pero además es cimiento en toda relación que establecemos en la vida. Es base del amor que demos a nosotros mismos, a los demás y a Dios.

REFLEXIÓN

VIVA SIN MIEDOS

A veces pensamos que todo está perdido y no hay nada por hacer, convencidos por nuestra mente, de que el destino es cruel y nos castiga, mientras las lágrimas recorren nuestras mejillas acallando gritos de desilusión, humillación, sufrimiento y desconsuelo, ahogados en nuestro roto corazón. Por fortuna después nos encuentran la calma y la meditación que nos cubren con su luz violeta, sacudiéndonos para seguir adelante, renovados, con coraje, valentía, fe y amor genuino; enriquecidos con el saber de qué aquello que nos hizo sufrir, nos ha permitido aprender y ser más fuertes. ¡Bienvenidas las adversidades encaradas con valentía que nos vuelven cada vez más poderosos!

CAPÍTULO TRES

LA PÉRDIDA DE MI AMADA MADRE

«Las madres tienen ese encanto secreto de siempre tratarnos como a un niño».

—*Reinaldo Arenas*

LA CIUDAD

Todo cambió el día que tuve que ir a vivir a la ciudad. Mis padres habían hablado con mis tíos, para que me dieran un espacio en su casa mientras continuaba estudiando y ellos aceptaron.

Apenas tenía once años y fue muy doloroso separarme de mis padres, hermanos, abuelo y primos, sin embargo, sabía que era necesario para mi superación, ¡Qué difícil fue vivir lejos de ellos!

Por las noches lloraba esperando a que amaneciera, porque al levantarme tendría alguna noticia de mi familia, ya que en ese tiempo no había celulares y era muy difícil la comunicación con los seres queridos.

Un día al despertar, escuché a mis tíos platicando sobre el viaje que harían al pueblo para vender unos cerditos que habían engordado. De inmediato se me vino a la mente una idea para poder ver a mis padres, me levanté suavemente, sin hacer ruido me puse los zapatos y corrí hacia la camioneta, en la parte de atrás ya estaban los puerquitos, así que busqué un rincón para meterme y que no me encontraran.

Aunque temblaba por el miedo de ser descubierta, también estaba feliz pensando que vería pronto a mis papás, a mi pueblo y jugaría con mis hermanos y primos. En ese momento mis tíos subieron, arrancaron la camioneta y emprendimos el viaje.

En el camino hacia el pueblo sentía que lo había logrado, cuando de repente los cochinitos se percataron que yo estaba ahí y comenzaron a hacer mucho ruido. Con pánico sentí como la camioneta se detuvo y mis tíos se bajaron para ver que sucedía, traté de esconderme en el rincón para que no me vieran, pero fue inútil ¡Me descubrieron! No supe que decir, salvo que quería ver a mis papás. Me regañaron mucho, diciendo que por mi culpa llegarían tarde y regresaron a la ciudad a dejarme en su casa.

LO IMPENSABLE

Después de ese largo día, ya por la tarde mis tíos regresaron a casa, pero no venían solos y con sorpresa vi a mi papá. Cuando corrí a abrazarlo, lloré mientras le pedía que me llevara con él. Se molestó mucho y dijo que tenía que quedarme en casa de los tíos, que comprendiera que todo lo hacían para que yo siguiera con mis estudios y me superara.

Resignada paré de llorar y ya no le dije nada más, entonces me comentó que él y mi mamá vendrían el fin de semana a verme, por lo que me sentí tranquila ya que solo faltaban tres días para eso.

Llegó el sábado y yo muy feliz me levanté temprano, me puse a lavar contenta los trastes y a ayudarle a mi tía a limpiar un poco. No terminaba aún, cuando de repente escuché el motor de un carro que se detenía frente a la casa, salí corriendo al encuentro de mis padres y algunos de mis hermanos, sin embargo, la dicha se opacó y me preocupó que a mi mamá la bajaron cargada.

Me sentí morir un poco al verla quejarse de dolor. Corrí junto a ellos hacia el cuarto donde la pusieron sobre la cama. Ella le dijo a mi papá: —Ayúdame me estoy muriendo—. La tomé de la mano, apretándosela y poniéndola sobre mi pecho, le pregunté: —¡Qué tienes mamá?—. Ella con su voz muy suave me contesto que no me preocupara, que estaba bien. Me apretó muy fuerte la mano y me dijo: —Pórtate bien y obedece a tu papá y a tus tíos, recuerda siempre esto que te voy a decir ¡Te quiero mucho y nunca te voy a dejar sola!, pronto voy a estar bien y te irás conmigo a casa, avísale a tu abuelita para que venga a verme, quiero hablar con ella—. Le sentí las manos muy frías y tenía las uñas moradas, toqué sus pies y estaban helados, sin color.

Mis lágrimas rodaron en silencio. No quería que ella me viera llorar, en ese momento junto con mi papá entró un señor alto, de complexión robusta, con pantalón y zapatos de color blanco, se acercó a mi mamá y nos pidió que saliéramos todos para examinarla.

Yo fingí obedecer, pero me quedé junto a la puerta escuchando y mirando lo que hacía ese señor. Después de unos cinco minutos dijo: —No se puede hacer nada, está muy grave, se le regó todo el líquido del apéndice y le causó daños en su intestino, que ya está paralizado—.

No quise escuchar más y salí corriendo a buscar a mi abuelita, ella acababa de llegar, la tomé de la mano y tiré de ella diciéndole: —¡Ven mi mamá se está muriendo!— Llegamos al cuarto donde estaba mi mami, en ese momento la escena que vi me dejó paralizada, mi hermana desesperada, llorando ponía a mi hermanito más pequeño a un lado de ella diciéndole a gritos —¡No nos dejes, no lo dejes a él, te necesita más que nadie!—.

Mi pequeño hermano tenía apenas año y medio. Vi como mi mamá la miraba con angustia y desesperación, movió la cabeza y su último suspiro se deslizó por todo el cuarto. Un grito desgarrador salió de mi garganta: —¡Mamá no, no te mueras, no me dejes!—.

No supe que hacer, enloquecí de dolor, de pronto me arrojé a su regazo para que me abrazara, pero ella ya no sentía ni escuchaba nada. La abracé muy fuerte, no quería dejarla ir, no importaba que me dijeran que ya no podía escucharme, solo le hablaba a ella. Papá me separó y sin saber que hacer salí corriendo hacia la calle enceguecida de dolor.

Llegué hasta una tiendita que estaba cerca y al mismo tiempo que la señora de la tienda me preguntó que me pasaba, yo le dije llorando, que mi mamá se había muerto. Sin saber que hacer, ni que decir, me tomó de la mano diciendo: —No, tu mamá está bien, ven vamos con ella, vas a ver que no pasa nada—. ¡Sí!, —pensé en voz baja—. Sí ella está viva, yo estoy en una pesadilla, tengo que despertar y mi mami va a estar conmigo.

Sí, repitió la señora y me llevó de regreso a la casa. Al entrar vi que todo el mundo lloraba mi padre, hermanos, abuelita, tías, todos estaban llorando desconsolados. ¡No!, era verdad, mi mamá si estaba muerta, ya tenía una sábana sobre ella, corrí a abrazarla y de un tirón le quité la tela de su cara. Mis ojos suplicantes la observaban, su piel todavía tibia no había perdido el color, parecía dormida; pero ya no se movía, ya no respiraba, ya no tenía aliento, sus ojos ya no se abrían para mirarme y sus manos ya no buscaban las mías para abrazarme, estaba inmóvil. Cuanto dolor sentí. Gritos angustiosos salían de mi garganta, lloré y lloré amargamente, no sé por cuánto tiempo lo hice.

Cuando estábamos velando su cuerpo me acerqué muy despacio, la tomé de la mano y le hice preguntas silenciosas reclamándole que no había cumplido su palabra ¿Por qué te fuiste? ¡Tú me prometiste que no me dejarías! ¿Por qué te has muerto, por qué?

No podía asimilar la realidad, no creía que estuviera muerta, aunque la vi dentro de su ataúd. Era una mezcla de demasiados sentimientos. Pasamos esa noche llorando y al otro día muy temprano le dimos el último adiós en el panteón. Quedó ahí dentro de una cripta, adornada con muchas flores.

PRIMERA SOLEDAD

Ya no tenía fuerza, me sentía débil y sin hambre, solo lloraba en silencio. Volvimos a casa de mis tíos y por supuesto no quería nada. Me di cuenta en ese momento que mi vida había cambiado, solo recordaba las últimas palabras que me dijo antes de morir, que me quería mucho y nunca me dejaría sola, sin embargo, se fue y si me había dejado sola. Me preguntaba una y otra vez por qué mi madre me había mentido.

Pasaron los días y yo no podía comprender lo que había pasado. Por las noches me la pasaba llorando en silencio y en la escuela me apartaba de mis compañeros, para que no vieran mi tristeza, solo pensaba en que ya no vería a mi madre. La buscaba en cada rincón, pero ella jamás regresaría, mi corazón estaba rendido ante ese profundo dolor.

Después de algunos días, totalmente agotada sin fuerza ni esperanza de volver a verla, por fin pude dormir temprano, pero como a las cuatro de la mañana desperté con una sonrisa enorme, en ese momento percibí el aroma de mí madre. ¡Había soñado con mi mamá!, ella me tomó de la mano y me llevó a un lugar de mucha paz y tranquilidad, donde pude ver a la Virgencita de Guadalupe. Nos sentamos junto a ella y mi madre empezó a platicar largamente conmigo, no recuerdo todo lo que me habló, solo que enjugó mis lágrimas diciendo: —Ya no llores yo nunca te voy a dejar, cuando quieras platicarme algo, yo te escucharé y siempre estaré junto a ti ¡Te quiero mucho princesa!—. Me dio un beso y se quedó ahí sentada junto a mí, esperando a que yo volviera a dormir. Desde ese momento pude comprender que morir no es dejar de existir, que cuando el cuerpo fallece es solo el principio de una vida eterna.

Amo a mi madre y siempre la tengo presente en mi corazón y sé que ella nunca me ha dejado sola, porque su presencia está conmigo en este camino de la vida y ahora desde el cielo abraza mis silencios y mi alma cuando en ella hay soledad. Cuando estoy triste, siento su apoyo y con su amor eterno, me envía palabras sabias que emergen desde el fondo de mi alma. La perfección de un mensaje de amor ¡Te amo mamá!

REFLEXIÓN

RECONOZCA SU NOSTALGIA

Por momentos extrañamos tanto a los que han partido que quisiéramos revivirlos, sacarlos de nuestros sueños y estrecharlos muy fuerte para que nunca más se puedan ir.

Somos aves de paso, volando entre suaves cantos, que, a veces convertidos en gemidos dolorosos, añoran entre sollozos a los que ya no están; a aquellos que nos dejaron recordando su presencia, que convierte nuestras lágrimas en luz, cuando la memoria trae amores de regreso que nos invaden por completo el alma con suspiros largos, lentos.

Hoy estoy sin ti. No pudiste defenderme, cuando atrapada por aquella pesadilla me preguntaba: —¿Dónde estás?, ¿por qué no vienes?—. Sé que el eco inconfundible de tu voz me guio a través de ese pasaje siniestro hasta encontrar la salida que me dio la libertad. —¡Te amo mamá!—.

CAPÍTULO CUATRO

EL ABANDONO DE MI PADRE

«El mejor legado de un padre a sus hijos es un poco de su tiempo cada día».

—*O.A. Battista*

INCERTIDUMBRE

Sí, mi padre era muy joven, mi madre había muerto entonces él no supo que hacer solo y con siete niños que necesitaban aún de amor y mucho cuidado.

Papá no pudo enfrentar su responsabilidad frente a sus hijos y lo más fácil para él fue abandonarnos, dejarnos a nuestra suerte. No es que lo quiera disculpar, pero ahora lo comprendo y no lo juzgo pues ha sido un hombre que ha enfrentado muchas dificultades a lo largo de su vida. Siempre fue un héroe para mí, lo admiré por la forma en que se entregaba a su trabajo y por el inmenso amor que yo sé nos tenía, a pesar de todo y a que no era muy expresivo para demostrárnoslo, pero estoy segura de que nos amaba profundamente.

De niña por supuesto no podía entender porque se fue ¡Qué triste se tornó todo a partir de ese momento! Mi vida perdió sentido, la veía teñida de color oscuro, el cielo tenía solo nubarrones grises y mi camino estaba invadido por una serie de preguntas sin respuesta: ¿Por qué nos dejaste papá? ¿Por qué nos dejaste mamá? ¿Ahora que vamos a hacer? ¿Quién nos va a cuidar? Adicional a mis cuestionamientos siempre sin respuesta, me preocupaban mucho mis hermanos más pequeños; uno tenía un año y el otro cuatro que además había quedado incapacitado por una embolia.

REPARTIDOS

La familia se puso de acuerdo para seleccionar con quién de nosotros se quedarían y hubo repartición de niños ¡Qué irónica es la vida a veces! Nos separaron sin siquiera tomarnos en cuenta. Algunos de mis primos nos llamaban huérfanos, que cruel me parecía esa palabra, repiqueteaba en mis oídos clavada como un doloroso alfiler.

Por fortuna para mis indefensos hermanitos, mi abuelo se quedó con los tres más pequeños y los demás nos fuimos con diferentes tías y tíos.

En esa repartición a mi hermana y a mí los tíos que nos tocaron, aunque nos querían mucho no podían darnos casi nada en el sentido económico, ya que eran muy pobres. Mi tía hacia gelatinas y cuando yo llegaba de la escuela tenía preparada una charola llena, para que fuera a venderlas.

Ahora viene a mi memoria que una vez caminaba por la calle con mi charola repleta de gelatinas, pero me daba mucha vergüenza ofrecerlas, por lo que, cuando vi a unas personas sentadas en el quicio de una calle casi las escondí para no tener que mostrarlas. De pronto, un señor me preguntó que vendía, me detuve frente a él y con la cabeza agachada le dije en voz muy baja: — Vendo gelatinas—. Me preguntó el precio y me pidió tres, pero al destapar la charola, me aterroricé, ¡las gelatinas se habían derretido! ¡Qué avergonzada me sentí! Tapé rápido la charola y regresé a la casa de mi tía, creyendo que me regañaría, pero para mi sorpresa solo comento: —No te preocupes hija en seguida las arreglamos—. Las metió al refrigerador y se volvieron a cuajar. Debido a ese incidente me di cuenta que la venta de gelatinas no era opción para mí.

LABORIOSAS

Poco tiempo después mi hermana y yo íbamos a vender agua fresca de sandía, melón y jamaica, las llevábamos en cubetas para ofrecerla a los trabajadores de construcción.

A mí no me gustaba esa actividad y preferí conseguir un trabajo como ayudante de una señora que vendía tortas en la escuela Normal (Institución mexicana donde se estudia la carrera de docente). Para entonces ya no me avergonzaba vender, así que ofrecía mis productos a los estudiantes con entusiasmo y platicaba con ellos. Un día le pregunté a uno de los jóvenes, cómo había logrado ingresar a esa escuela. Él me contestó que su papá trabajaba con un médico que lo había recomendado, porque solo así se podía entrar. Yo no lo creí y decidida pensé para mis adentros: ¡Cuando termine mi secundaria voy a estudiar aquí! Ahora sé que fue una poderosa declaración.

Unos cuantos meses después, rentamos un cuartito mi hermana y yo atreviéndonos a vivir solas a muy corta edad. No teníamos miedo, aunque si de repente nos invadían pensamientos negativos sobre nuestro futuro solas, pero acompañando a los ecos de nuestra soledad, los desechábamos de inmediato.

Luego conseguimos otro trabajo en una farmacia que nos quedaba cerca de la escuela y donde la dueña nos apoyó mucho. Yo limpiaba su casa, planchaba y lavaba la ropa y ella siempre estaba pendiente de que yo comiera antes de entrar a clases.

Así fue como salimos adelante, trabajando y estudiando, hasta cuando mi hermana se casó y me dejó sola. Entonces tuve que irme a vivir con otros tíos, salí de la secundaria y se me dio la gran oportunidad de registrarme en la escuela Normal para maestros. Cuando empezaba el período de clases yo siempre llegaba corriendo, pero puntual siempre.

Estaba muy feliz con las asignaturas que tenía, hasta

que me tocó asistir a la clase de danza, dónde nos pedían vestuario apropiado y zapatos especiales para bailar. Yo no contaba con dinero para comprarme todo lo necesario, así que solo adquirí el vestuario y así me presentaba a clase, hasta que en una ocasión al llegar temprano como siempre, el maestro me dijo señalando una bolsa que ahí había unos zapatos que le sobraban, que me los midiera y si me quedaban me los regalaba. Me sorprendí mucho y algo apenada los acepté. Mi profesor se había dado cuenta de que yo no tenía dinero para adquirir zapatos de danza y él me los compró. Le agradecí en ese instante con todo mi corazón y siempre lo recordaré por ese acto de bondad y grandiosa generosidad.

Al llegar el mes de junio y las vacaciones, aproveché entonces ese periodo para conseguir un trabajo de tiempo completo en una fonda que estaba cerca de la casa de mi tía, de esa manera tendría el dinero para comprar mis libros y material escolar del siguiente curso.

RREFLEXIÓN

ATRÉVASE A ENFRENTAR RETOS

Dese cuenta de que es un ganador y puede vencer en todas las batallas, pues ellas habitan tan solo en su consciente. Algunas teñidas de vívidos colores y otras deslavadas, casi transparentes, giran rápido alrededor de sus temores, para crear un remolino tumultuoso, que lo aturdirá lo suficiente para detenerle por completo si usted no le hace frente; así que, sin preámbulos ni dudas, domine siempre a su pensamiento y gane en los desafíos que la vida le presente.

CAPÍTULO CINCO

EL RAPTO

«No se puede separar la paz de la libertad porque nadie puede estar en paz a menos que tenga su libertad».

—*Malcolm X*

ENGAÑADA

Una mañana del mes de julio en pleno verano, la que jamás olvidare, dio inicio el día más horrible de mi vida y con él la pesadilla más cruel y terrible de mi existencia. Una experiencia horrible que ninguna chica ni ser humano debería vivir.

Eran las cinco de la mañana y mi sueño fue interrumpido por una voz que decía: —Vamos niña levántate para que antes de que te vayas a cobrar, le ayudes a tu tía a lavar los trastes—. Con enorme esfuerzo giré la cabeza para ver quien me hablaba, mis ojos no me obedecían, porque yo quería seguir durmiendo. Cuando los abrí vi que mi tío estaba junto a mí, con el ceño fruncido y una cara de pocos amigos. En realidad, no era importante el tono que él utilizaba para dirigirse a mí, tendría que hacer lo que me estaba pidiendo quisiera hacerlo o no. Me pasé las manos por la cara para despertarme bien y después de unos segundos me puse de pie. Lo primero que hice fue ir a la cocina, vi el lavadero lleno de trastes sucios, los lavé en poco tiempo y luego limpié un poco la casa. Desperté a otra de mis hermanas que aún dormía sobre el piso duro y frío y le pedí que me ayudara, ella de mala gana se levantó y lo hizo.

Después iría a cobrar la semana que ya había trabajado, tenía la cita a las 08:00 a.m. con la señora de la fonda donde le ayudaba. Le había avisado a mi tía, quien me sugirió que no fuera sola y pidiera a mi hermana que me acompañara, pero ella no quiso.

Al llegar a la esquina de la calle dónde se ubicaba la fondita, noté una camioneta del otro lado de la acera y a un señor que me miraba fijamente; su mirada dominante me dio miedo. Tuve el impulso de dar media vuelta y regresarme, pero su mirada era tan intensa que me asustó y me confundí. Sin saber bien cómo reaccionar solo seguí caminando y un momento después, me detuve. Voltee hacia todos lados, para ver si alguien se encontraba caminando por allí, pero no había nadie, la calle estaba desolada.

Entonces noté que parecía estar en medio de una telaraña, en donde solo existía un punto de avance y ese era cruzar la calle para llegar a donde estaban la fonda. Al llegar ahí me hice la distraída y fingí no haberlo visto, pero él me preguntó con voz muy autoritaria: —¿A dónde vas?—. Yo, confundida lo observé y me di cuenta que en la mano sostenía una pistola. Temblaba de pies a cabeza y contesté con voz muy bajita, que iba a la fonda que estaba adelante, entonces me pidió que esperara porque quería hacerme algunas preguntas y yo asentí con la cabeza.

Me dijo: —Tengo algo para tu mejor amiga, ¿se lo puedes dar?—. Y mencionó algunos datos sobre mí. Me intrigó cómo había obtenido información sobre nosotras y le pregunté qué era lo que quería darme. Contestó que lo tenía en la camioneta y que me lo daría para llevárselo a mi amiga y ya no me dejó pasar. Me tomó de la mano y al mismo tiempo estiró el brazo para tomar unos papeles y dármelos, los recibí y comencé a leerlos. No entendía nada, aunque me tranquilicé un poco y le dije que estaba bien, que yo se los entregaría.

De pronto sentí algo junto a mi costilla, él me apuntaba con una pistola y me dijo que subiera a la camioneta rápido y sin gritar. Sentí como si eso no me estuviera pasando a mí, todo me parecía irreal, eso sucedía solo en las películas. Quedé paralizada y una sonrisa nerviosa se dibujó en mi rostro, pensando que tal vez estaban jugándome una broma.

LÁGRIMAS

Al subirme a la camioneta me di cuenta que el sujeto no estaba bromeando. Me preguntó si creía que alguien sería capaz de alcanzarnos yendo en su camioneta de allí hasta Acapulco. Me quedé callada con los ojos muy abiertos y llenos de lágrimas. No sabía que decir, volteé a verlo mientras él levantaba un poco la pistola hasta la altura de mi pecho. Mi llanto nervioso hizo que mi voz temblara al decirle, que eso no podía estar pasando. Al ver que la camioneta circulaba a más de 90 km por hora, volteé hacia todos lados, buscando a alguien que se diera cuenta de que yo iba llorando. No había nadie. Miré hacia atrás y vi una camioneta con un promedio de cinco hombres en la parte de atrás bien armados y otros más en la cabina.

Traté de tranquilizarme, urdiendo la forma de escaparme al preguntarle qué quería de mí. Con una sonrisa sarcástica y burlona me aclaró que quería que estuviera con él, porque yo era suya. No supe que contestar y lo primero que cruzó por mi mente fue inventar que yo era casada y mi esposo me estaba esperando en casa y si no regresaba pronto él me buscaría por todos lados.

Él me desmintió porque había investigado todo sobre mí y sabía quién era, dónde y con quienes vivía, cómo se llamaba mi papá y donde vivía. Al preguntarle cómo lo sabía, me dijo que le había pagado a la dueña del restaurant con la que yo trabajaba para que le diera información detallada sobre mí, incluyendo a qué hora iría ese día por mi pago.

¡No lo podía creer! Esa señora no podía haber hecho eso. Me negaba a creerlo, pero debía ser verdad, si no ¿Cómo sabía la hora de mi llegada al local?, con tantas dudas, le pregunté la razón de esa situación y él respondió que solo quería que fuera suya para siempre. Pensé en ganar tiempo y le ofrecí hacer un trato, pidiéndole que regresáramos, acordando cuándo y dónde nos veríamos después, para prepararme y avisarle a mi familia que me iría con él, pero dijo que no, que ya estaba con él y no me iba a dejar ir, fue cuando sentencio: —¡Tú ya eres mía!—.

Lloré con mayor desesperación, casi a gritos para que alguien me escuchara. Por momentos cruzaba por mi mente la idea de saltar del auto y sin pensarlo decidí intentarlo. Estiré el brazo, abrí la puerta y cuando estaba a punto de hacerlo, él lo evitó tirando de mí y dándome un puñetazo sin soltar el arma. Me gritó que si volvía a intentarlo me dispararía e iría a buscar a mi papá para matarlo también. Lo único que pensé y respondí mientras seguía llorando fue: —A mi papá no, a mí hágame lo que quiera—.

No sabía que hacer o decir para que eso acabara, simplemente deseaba que alguien me ayudara, pero esa carretera estaba vacía. De pronto vi como una camioneta con algunos hombres nos rebasaron y grité fuertemente: —¡Ayúdenme!—. Pero pasaron tan rápido que no me escucharon, ni se percataron de nada.

Volvió a tirar de mí para acercarme a él y esta vez cortó cartucho, listo para jalar el gatillo, ordenándome que no volviera a gritar si alguien pasaba porque si lo hacía me arrepentiría. Lo miré a la cara y vi su mirada de furia, estaba muy enojado porque no lo obedecía. Me gritó que no me daría ninguna otra oportunidad y que me mataría antes que hablara.

Me quedé callada llorando y temblando llena de miedo. Mis ojos estaban enrojecidos e hinchados de tanto llorar. Después de un tiempo llegamos a una ciudad, desconocida para mí, de pronto en una calle nos detuvo una patrulla de tránsito. Pensé en aprovechar la oportunidad para escapar, levanté la cabeza y pude ver a dos agentes que en sus manos sostenían una macana mientras le preguntaban a donde íbamos.

En cuestión de segundos, él mostró una placa de identificación que lo acreditaba como perteneciente a la hoy extinta Policía Judicial Estatal (parecida al FBI). Al enseñarla, de inmediato le abrieron paso sin más preguntas; aunque ellos se habían dado cuenta de que yo iba llorando, no hicieron nada, en sus miradas pude ver que sintieron impotencia o tal vez tuvieron miedo.

En ese momento me sentí perdida, deshecha y desvalida, tratando de imaginar qué otra opción tendría para escapar y pensando en la amenaza que pendía sobre mí y mi padre si lo intentaba. Sin embargo, no me importaba, lo único que quería era despertar de esa pesadilla, tal vez mi mente me engañaba y estaba dentro de un mal sueño. Pensé, pronto despertaré, cerré los ojos por un instante pidiendo a Dios que así fuera, pero los abrí solo para confirmar que la pesadilla era real, estaba atrapada y no me dejaban escapar. Desesperada balbucee palabras sin sentido. De pronto él se detuvo a la orilla de la carretera donde había un abismo profundo, me tomó de la mano con fuerza y me empujó hacia la ventanilla, inclinando mi cabeza con firmeza hacia el vacío para que me asomara a ese barranco al que no se le alcanzaba a ver el fin.

La vida me puso frente a un precipicio. Sentí escalofríos en todo el cuerpo y pensé que él me iba a arrojar y me sentí más pequeña a cada instante hasta convertirme en nada; giré mi cabeza hacia el horizonte buscando a alguien, pues aún tenía la esperanza de que me ayudaran, pero todo estaba desolado, ni un alma aparecía por ahí.

Ante ese panorama de pesadilla, sentí como el terror se apoderaba de nuevo de mí. Con un llanto callado, bañada en lágrimas y con mi voz que no era más que un susurro en el fondo de mi alma, mi cuerpo temblaba sin control. Mis pensamientos estaban en caos, me pellizqué el estómago para saber si estaba despierta y por fin un grito desgarrador, lleno de dolor salió de mi garganta, empecé a llorar a gritos, estaba teniendo un ataque de emociones encontradas. Callé al sentir una fuerte bofetada en la cara, mi instinto de supervivencia hizo que me tranquilizara y solo supliqué con un murmullo de voz: —¡Por favor no me lastime!, haré lo que me pida—. Esperando a que sucediera lo inevitable.

Él me dijo que me tranquilizara, porque de seguir así me pasaría lo peor que yo pudiera imaginar. Sentenció que me violaría, mataría y arrojaría a ese barranco y tomándome por el cabello me sacó de la camioneta y me obligó a mirar nuevamente esa profundidad a la que no se le veía el fin. Me indicó que si me portaba bien y lo obedecía todo sería diferente, me subió a empellones a la camioneta y siguió conduciendo.

NUEVA FAMILIA

Algunos minutos después llegamos a un pueblo pequeño, al mismo tiempo que dos hombres se subieron, uno a cada lado mío. Él se bajó de la camioneta y entró a una casa donde había gente. Parecía que todo lo tenía arreglado y esa gente le estaba ayudando. Se acercó ordenando a los sujetos que me bajaran para que entrara a la casa. Ahí vi a una señora, alta y gorda que me miraba con desprecio al mismo tiempo que le decía a él: —Esto no se hace ¿Por qué lo hiciste?—. El sujeto solo movió la cabeza aceptando el regaño, enseguida salió de la casa.

Caí de rodillas llorando ante esa señora, rogándole que por favor me ayudara, porque yo no conocía a ese hombre, ni siquiera su nombre sabía y me había llevado a la fuerza cuando yo no quería estar ahí. Con voz autoritaria ella me dijo: —¡Tú te quedas y cállate ya estás aquí y ahora te aguantas!—.

Unos momentos después supe la ironía del momento, esa mujer era la mamá de mi captor y sus palabras expresaban que yo había buscado de alguna manera estar en esa situación. No me quedó más que seguir llorando desesperada, inmersa en una gran impotencia que me dejaba un vacío en el corazón y que hacía eco en la nada de ese momento.

Me regresaron a la camioneta y volvió a conducir hasta llegar al centro del pueblo y entramos al Ayuntamiento con un juez civil. Cuando yo entré todos los presentes me miraron largamente, aproveché para hacerles señales de desesperación con mis ojos que no paraban de llorar. Antes de que reaccionaran o que yo dijera algo para que me escucharan, mi captor le dijo al juez que quería que nos casara, yo balbucee: —¡No, no quiero casarme!, solo tengo quince años—. Pareció que el juez me escuchó porque le preguntó dónde estaban mis padres, él contestó que no estaban. El juez insistió preguntando por mi acta de nacimiento y mi edad porque si no traíamos los documentos necesarios y no era mayor de edad no podría casarnos.

Por un momento creí que no me casarían a la fuerza, que me dejarían ir, pero no fue así, porque después él me tomó del brazo nuevamente y salimos. Fuimos a un pueblo muy pequeño, en donde la gente vestía con telas autóctonas, usaban sombrero y hablaban en dialecto. A él le preguntaron mi edad, mintió diciendo que tenía dieciocho años, volvieron a hablar entre ellos, quisieron negarse, pero él iba como con siete hombres armados y no les quedó más remedio que hacer lo que se les indicaba. El encargado me miró sin opinar y leyó los acuerdos de matrimonio.

Me dijeron que firmara, pero yo no sabía firmar y lo único que hice fue mover la cabeza para decir que no podía. Tomaron mi mano y me pusieron tinta en el dedo, para poner mi huella digital en el documento. Al final, como si hubiera obtenido un trofeo, él festejó con sus acompañantes con balazos al aire, sin pensar en cómo me sentía yo. Salimos del registro civil y llegamos a la casa de sus familiares, desde afuera se veía mucha gente reunida esperando con cerveza y vino.

REFLEXIÓN

SIGA ADELANTE

Libérese del lastre insoportable del ayer. No hay errores, no hay aciertos, solo aprendizaje y reflexión para crecer, así que camine con la frente en alto, sonriéndole al viento que le saluda a cada paso que dé.
Regale a otros su palabra de aliento, su abrazo solidario y cuestione a los demás: —¿Cómo están?—. Pues su pregunta genuina y su interés por los demás lo impulsarán con fuerza a continuar en su diario caminar.

CAPÍTULO SEIS

VIVIENDO UNA PESADILLA

«Nos prometieron que los sueños
podrían volverse realidad, pero se les
olvidó mencionar que las pesadillas
también son sueños».

—*Oscar Wilde*

FESTEJO

Entrando a la casa de uno de sus familiares me dijo que me sentara e hiciera lo que yo quisiera, después de aseverar: —¡Ya eres mi esposa y dónde quiera que vayas lo serás, jamás te escaparás de mí!—.

¡Qué desesperación, Dios mío!, no sabía si realmente era algo que estaba viviendo o solo seguía en la terrible pesadilla. Me senté en una silla, mientras observaba como reían y festejaban la boda civil, sin importarles la forma en que había sucedido. Lo único que querían era celebrar. En mi pensamiento ya cansado me hacía muchas preguntas buscando la forma de salir de ahí, sin dinero, sin saber dónde estaba, sin nadie que me ayudara. Estaba tan asustada que ni siquiera podía caminar, mis piernas temblaban y mis manos se estrujaban entre sí.

Llegó la noche y ya no tenía fuerza para nada, estaba aterrorizada de ver tanto cinismo. De pronto él se acercó a mí, estando en estado de ebriedad, me tomó con mucha fuerza del brazo y me dijo: —¡Levántate, camina!—. Me sacó del lugar y me llevó a un cuartucho oscuro, húmedo y vacío, en el que no había electricidad, solo una vela encendida con una luz opaca y él como un ser de un mundo nefasto, parado muy cerca de mí, me dio un tirón tan brusco que me hizo caer al piso. Se quitó la ropa dejándola caer y me acercó hacia él para comenzar a desnudarme. Yo me resistía, forcejeaba pidiéndole que no me hiciera nada, hasta que por fin quedé desnuda y sin poder defenderme. Con la mano me tapó la boca y me dijo que no gritara, pero mi grito desgarrador fue solo un sollozo que se quedó en el aire. Mientras pasó todo, sentí como mi dignidad se desvanecía por el suelo de tierra suelta y fría.

Lloré amargamente sin imaginar que en ese momento empezaba mi verdadera pesadilla. Mis ojos reflejaban odio y rencor. Me sentía humillada, ultrajada y sin más se hizo un vacío en mi vida inexplicable y solo deseaba morir, morir y morir. Me sentía tan sucia, con una enorme mancha en el cuerpo y en el alma, quería que cada poro de mí se abriera grande para expulsar hasta el aire más escondido de lo sucedido. Sollozaba en silencio mordiendo mis manos para no gritar. Así pasé toda la noche, con un miedo ahogado, que me dejó con la mente bloqueada, pensando que mi primera vez fue a la fuerza. Fui violada, mi inocencia me fue arrebatada y mi virginidad ultrajada con el terror de la violencia.

Después de una noche terrorífica, finalmente apareció el nuevo día mientras yo seguía sentada en el piso, desnuda observando la puerta y esperando a que se abriera, pero ya sin ganas de escapar, solo unas lágrimas cansadas de rodar se detenían en mis mejillas. De pronto, mi mirada se enfocó en ese hombre que estaba sobre una sábana vieja y con una pistola en la mano. Yo languidecía como un objeto inanimado olvidado en un rincón. Pregunté balbuceando —¿Dios dónde estás? ¡Porqué me dejaste sola? Mamá, papá ¿dónde están?—. Les suplicaba: —Por favor, ayúdenme, escúchenme, no me abandonen, aquí estoy, ya no tengo fuerza para defenderme, ya no puedo más. Papá ven a buscarme, mamá habla con Dios y dile que me ayude, hagan algo por mí, no me dejen aquí, no quiero estar en este horroroso lugar y con esta bestia de hombre—.

Como sonámbula me levanté poco a poco y busqué mi ropa, me la puse como pude y me senté nuevamente en el rincón de ese cuarto frío. Él me observaba sin perder detalle de mis movimientos. Se levantó, se vistió y salió cerrando la puerta. Aproveché para cerrar los ojos y me quedé dormida como por dos horas. Cuando desperté tenía una sábana sobre mí y un plato de comida a mi lado, que no toqué porque por supuesto no me apetecía. Él apareció y me ordenó que lo acompañara para que me bañara y me cambiara de ropa, como no hice caso me tomó del brazo y me llevó a la casa dónde un día antes se había festejado una boda no deseada.

Ya no había mucha gente, nos encontramos con dos mujeres que me llevaron al otro lado del patio donde estaba un baño mal hecho, me dijeron que entrara y me ofrecieron una toalla y ropa para que me cambiara. Agregaron: —Te apuras, nosotras esperaremos aquí afuera—. Tardé un poco bañándome porque quería arrancarme la piel con el jabón y el agua, al terminar hice lo que me indicaron.

VIAJANDO

Él, tres mujeres y dos hombres me estaban esperando en la camioneta, no sabía a donde me llevaban y ni siquiera pregunté porque ya me daba igual, no me importaba, desde ese momento no quise hablar nada, callada, obedecía todo lo que él me decía.

Llegamos a otra ciudad y por los letreros de la carretera pude saber que esa ciudad era Acapulco. Las personas que iban con nosotros se bajaron de la camioneta y se metieron a una casa, nosotros regresamos con rumbo a Iguala. Atardecía cuando llegamos a un lugar de la ciudad que no conocía, llegamos a una casita que estaba en un cerro, hacia abajo se veía una barranca seca. Entramos a un cuartito muy pequeño donde estaban dos toallas y dos cobijas, mi cuerpo volvió a temblar sintiendo terror, quise gritar, pero antes de que lo hiciera, él se acercó y me dijo con voz baja pero autoritaria que no fuera a gritar, ni a hacer mucho ruido, luego prosiguió: —Tú ya eres mi esposa, yo te voy a cuidar, pórtate bien—. Le pedí que no me hiciera más daño: —Por favor no me toque, no me gusta lo que me hace—. Llorando y suplicándole que no se me acercara.

Pensé que lo había conmovido, porque salió del cuarto, aproveché para poner en el piso la cobija y me envolví con ella completamente y me senté. No tardó mucho en regresar con un vaso con agua, me la acercó y aunque tenía sed solo probé un poco. Como si no se diera cuenta de lo que yo había hecho, comenzó a quitarme la cobija, entonces empecé a gritar pidiendo ayuda. Me dio una bofetada y me dijo: —¡Cállate! Si no quieres por las buenas será por las malas y recuerda que de hoy en adelante vas a cumplir como mi mujer—.

No supe si me desmayé o me dormí, pero cuando desperté ya había amanecido y me encontraba sola encerrada con llave entre esas cuatro paredes. Solo tenía una pequeña ventanita con barrotes por la que me asomé y vi a una señora que pasó. No le hablé, me quedé quieta y con la mirada recorrí el pequeño espacio en el que me encontraba. En mi pensamiento había una sola pregunta: ¿Cómo hacer para escapar?

Así pasaron dos días durante los cuales él llegaba, me llevaba un plato de comida, esperaba a que yo terminara de comer para comenzar a tocarme y satisfacerse, se iba al amanecer y me dejaba encerrada. Al tercer día cuando vi que la señora pasaba junto a la ventana, me atreví a hablarle: —¡Señora!, ¿qué hace usted aquí?—. Ella contestó: —¡Cuidándote!—.

Entonces pregunté: —¿Cuidándome, por qué?—. Le aseguré que no escaparía. Dije que ya estaba resignada, porque nos habíamos casado por el civil y ya no podía hacer nada, era su esposa y tenía que estar con él.

Ella dijo que tenía razón, no había nada que hacer. Le pedí que me dejara salir, ella asintió y agregó que abriría para que comiéramos juntas. Le agradecí y pude ver que eran las seis de la tarde y apenas oscurecía. Me senté en una silla junto a una mesita donde la señora sirvió nuestros platos, comí rápidamente. Mientras ella comía, me miraba fijamente, en su mirada pude ver un rayito de ternura. Terminamos y confiada me dijo que esperara un momento mientras ella lavaba los trastes porque yo tenía que entrar al cuarto antes de que él llegara. Cuando la escuché lavando los trastes, abrí rápido la puerta y salí corriendo, cuando llegué a la barranca, no supe hacia donde seguir, me interné entre los matorrales que desgarraban mi ropa y las espinas se clavaban en mis pies. No me importaba el dolor que me causaban, quería escapar para buscar a mi padre y pedirle que huyera conmigo.

No había pasado más de quince minutos cuando de repente sentí un tirón en mi cabello y un par de bofetadas que me dejaron en el piso —¿Cómo te has atrevido a hacer esto? —gritó él— Ahora si te voy a matar y voy a matar a tu papá.

Con voz suplicante dije: —No mate a mi papá, no le

haga daño, perdóneme no lo volveré a hacer, haré todo lo que quiera—. Él estuvo de acuerdo y luego dijo: —Si te vuelves a escapar, te busco hasta debajo de las piedras y créeme te encontraré, pero antes mataré a tu papá—.

LA BÚSQUEDA

Resignada regresé con él. Al siguiente día llegó con cinco hombres en un carro, entró y me dijo: —Vámonos tu padre nos está esperando—. Luego agregó: —No sé por qué me citó tan lejos si él vive aquí—. Me amenazó para que hiciera todo lo que me pidiera. Yo por un momento pensé en no ir, quise decírselo, pero como si adivinara lo que estaba pensando me dijo que iría, aunque me llevara por la fuerza.

Me subí al auto como para variar obligada y nos fuimos al pueblo donde vivía mi abuelo. Un día antes él había localizado a mi papá porque quería que platicaran, pero papi le dijo que no hablarían hasta que yo estuviera presente. Antes de llegar al lugar citado, se detuvo para hablar con los hombres que lo acompañaban, se pusieron de acuerdo para dejar las metralletas en el carro y solo bajaron con las pistolas.

Me dijo: —Tú no te separes de mí—. Luego continuó diciendo que, si me preguntaban, tendría que asegurar que me había ido con él por mi voluntad, porque si decía que me había llevado a la fuerza, me sacaría de ahí por sobre quien fuera y no se iba a tentar el corazón, el primero en morir sería mi papá. Les dio instrucciones a los cinco hombres de lo que tenían que hacer en caso de que me resistiera o dijera lo contrario a lo indicado.

Al llegar vi a mi papá, mi abuelo y mis tíos que estaban parados con unos machetes en la cintura. Pude darme cuenta que mi padre que estaba sentado, tenía junto a él una escopeta. Papá dijo que quería hablar conmigo a solas; él dijo que yo no iría a ningún lado y le ordenó a mi padre que ahí dijera lo que necesitara, pero mi papá sugirió que yo hablara con mi tía a solas. Me armé de valor y le dije: —Voy con mi tía, en seguida regreso—. Él se me acercó diciendo en voz baja que recordara lo que me había dicho.

Los dos aceptaron entré a la habitación de mi abuelo y allí estaba mi tía que preguntó: —¿Por qué te fuiste con él?—. Respondí que quería estar con él y ella me desmintió: —No es cierto, tu papá ya sabe—.

—¿Porque no dices la verdad? La familia entera te ha estado buscando por todos lados, hasta en los hospitales. La señora del restaurante donde trabajabas nos dijo dónde encontrarte y al preguntar por tu captor se rieron burlonamente de tu padre, asegurando no saber nada, por eso no te creo—.

Empecé a llorar, quería decirle la verdad, en ese instante entró mi padre y desesperado me dijo: —Hija dime la verdad, no serás la primera ni la última a la que le pasa, yo te apoyo en todo además tengo hombres que están listos en la salida del pueblo con escopetas y machetes por si algo pasa—. Como una ráfaga una pregunta martilló mi cabeza: —¿Qué podían hacer esas armas, ante las metralletas que traían en la camioneta los hombres de él?—. Reaccioné de inmediato diciendo en voz alta para que todos escucharan, entre mi llanto tembloroso a causa de las amenazas contra mi papá, que me había ido con ese señor porque lo quería y ya no podían hacer nada porque estábamos casados por lo civil. Observé la mirada de impotencia de papá ante esas palabras de sentencia. En ese momento él entró y dijo —Vámonos ya es suficiente—se acercó a mí y lo abracé para evitar cualquier agresión contra mi familia. Al ver eso mi papá dijo: —Les doy dos semanas para que se casen por la iglesia—. Él aceptó, nos despedimos y salimos de la casa. El señor gozaba como un niño con juguete nuevo, mientras reía con sus hombres, nos subimos al carro y les ordenó: —Saquen sus metralletas porque alcancé a escuchar que hay hombres armados en la salida, vayan preparados y si escuchan una señal no duden en disparar—. No oímos nada y nos fuimos a una casa que había rentado, me dijo que me bajara y que todo lo que había allí lo podía usar porque todo era mío, él estaba acostumbrado a que las cosas salieran de acuerdo a sus planes, por eso había preparado la casa para nuestra llegada.

REFLEXIÓN

NO SE RINDA

Persista con la esperanza viva y la fe de que todo lo logrará, que su entereza no caiga como hoja seca y la tristeza no lo invada quitándole el aliento, para robarle su poder y su integridad. Si el dolor llega, no desespere, continúe avanzando pues en alguna vereda del camino encontrará a la mano amiga que lo pueda guiar.

Abra su ser al optimismo y elija para sembrar buenas semillas, cultívelas con tierra abonada por su energía vital, seguro de que sus frutos brotarán hermosos y perfectos. Súbase al barco de sus sueños y dirija el rumbo de su destino hacia la playa soleada donde habitan la paz y la felicidad.

CAPÍTULO SIETE

ENTRANDO EN DEPRESIÓN

«Dime amigo ¿La vida es triste o soy
triste yo?».

—*Amado Nervo*

EL VACÍO

No supe en qué momento entré en depresión, el único pensamiento que rondaba en mi mente era el deseo de morir, no tenía ganas de respirar, la agonía de mi alma era muy lenta, la energía vital había salido de mi alma, pero sin dolor porque no sentía nada, no quería pronunciar ninguna palabra, mi corazón triturado en mil pedazos había adquirido un caparazón de hielo.

FRUSTRACIÓN

Estaba de visita unos días en casa de mis tíos, cuando notaron este nuevo comportamiento extraño en mí.

Un día ya sin fuerza estaba sentada en una silla dura, fría, incomoda, con los hombros caídos, la mirada perdida en la nada, llena de sentimientos de tristeza profunda y sin un motivo para luchar por mi vida.

Derrumbada por lo que estaba pasando, mi ser se llenó de frustración y coraje contra el destino que me había tocado, sencillamente ya no encontraba ningún sentido para continuar, había perdido en forma total las ganas de vivir.

NECESIDAD

Mi tío pasó a mi lado y algo en mi actitud lo hizo detenerse y observarme con cuidado luego de lo cual me preguntó: —¿Qué tienes hija?—. No contesté, aunque escuché perfectamente. Mi tía respondió: —No quiere comer, ya tiene días que no ha probado bocado—. Mi tío fue a la cocina a servir algo de comida y me la llevó, hasta quiso darme en la boca, algo me decía, pero yo no escuchaba, empecé a llorar en silencio sin abrir la boca. No probé bocado. Mi tío se cansó de hablar y de ofrecerme de comer, lleno de impotencia dijo: —No quiere nada, lo que debemos hacer es llevarla al hospital, sino se va a morir—. De pronto me desmayé, desperté en una habitación de hospital, tenía suero puesto para reanimarme, estaba deshidratada. Después de dos días en que permanecí hospitalizada, él me llevó a la casa que rentábamos y sentenció: —Si no comes no volverás a ver a nadie de tu familia, ni a salir de aquí, si quieres morirte hazlo ya no te voy a obligar a que comas—. No tenía fuerza para decir nada solo deseaba no existir.

REFLEXIÓN

LAS CAÍDAS Y LOS TRIUNFOS

No hay victoria que no se alimente de múltiples derrotas, que le dan cuerpo al gran logro alcanzado, dibujando con precisión milimétrica la maravillosa persona que usted es después de haber ganado. Agradezca los sinsabores y traiciones que le mostraron el bendito don de saber perdonar y le concedieron experimentar el privilegio de volverse a levantar.
Contemple con gallardía la aventura del repetido descenso y disfrute fascinado ponerse de pie, una y otra vez, hasta que el éxito lo encuentre mientras usted incansable, lucha por llegar a él.

CAPÍTULO OCHO

RESIGNADA A VIVIR CAUTIVA

«La libertad es el oxígeno del alma».

—*Moshé Dayan*

ABANDONADA

Cuando me iba a casar por la iglesia católica nadie se enteró, porque ni siquiera se anunciaron «las amonestaciones» debidas. La boda fue casi a los quince días de mi rapto. No tuve otra alternativa, vivía amenazada y bajo el yugo del miedo a flor de piel el que bien se reflejaba en todos mis movimientos. Secuestrada y amenazada mi vida transcurría dentro de ese mundo atroz que yo no había elegido, todo había pasado tan rápido que no alcanzaba a entenderlo, hasta el sacerdote ignoró mi sufrimiento y mis suplicas.

Cuando fuimos a las pláticas correspondientes a la iglesia, nunca voy a olvidarlo, primero pasé yo a hablar con el clérigo, me llene de valor y lo que hice fue decirle la verdad de lo que estaba pasando, que no quería casarme con ese hombre, porque el me llevó a la fuerza y me había hecho cosas horribles —Por favor no nos case— le pedí. El cura me respondió: —No puedo hacer nada hija, resígnate porque él ya se casó contigo por lo civil y ya es tu esposo ante la ley, ahora es necesario que se casen por la iglesia, para que vivan bajo la bendición de Dios—. Atónita no podía creer lo que mis oídos escuchaban, como Dios iba a bendecir tan desquiciado matrimonio.

Empecé a llorar de rodillas ante el sacerdote, suplicándole que no me casara, cuando de pronto tocaron a la puerta, el cura fue a abrir dejándome ahí. Era él quién estaba tocando, entró casi a la fuerza con cara de pocos amigos. Sin dar tiempo a que me levantara del piso, el padre apenas pudo balbucear algo y con mucho miedo en su voz dijo casi temblando al verlo: —¿Qué haces hijo?, ¡espera!—. Yo solo me quedé mirándolo y agaché la cabeza con un dolor dentro de mi corazón, entonces él preguntó con voz autoritaria: —¿Pasa algo?—. Sí, él sabía lo que yo estaba haciendo y diciéndole al cura, percibí su mirada dura, llena de control y me dijo: —¡Espérame afuera!—. El padre temeroso le dijo: —¡Hijo, no pasa nada!— se dirigió a mí y me tomó del brazo diciéndome que ya podía irme.

En ese momento me sentí abandonada hasta por Dios, salí arrastrando los pies, no podía creerlo, el cura también tenía miedo ¡Qué cosas de la vida, nadie podía ayudarme! Antes de cerrarse la puerta alcancé a escuchar que le preguntaba, para cuando quería la boda. Sin dejar de llorar me fui a sentar a una banca de madera que estaba en el recibidor.

Al pensar en contraer matrimonio por la iglesia supe que ya no había más que hacer. Debería resignarme a vivir con él y obedecer a todo lo que me mandara. Al ser ya su esposa por lo civil y la iglesia tendría que comportarme conforme a lo que yo pensaba que era correcto; no obstante, el sueño de escapar estaba latente en mi corazón y en mi pensamiento, solo esperando el momento oportuno para dejar esa vida sin libertad y cautiva, la que me esperaba por el resto de mi existencia.

INVISIBLE

Me daba cuenta con dolor infinito que para nadie existía mi sufrimiento, no les importaba por lo que yo estaba pasando, mis palabras de súplica no valían. En esos días aprendí como la gente se puede portar indiferente ante el sufrimiento ajeno porque no les gusta cargar con los problemas de otros. Sentí tanta soledad en el alma. No podía ver de frente a otros, porque parecía que nadie me miraba. Así transcurrieron dos semanas, hicieron todos los preparativos para la boda, incluido mi ajuar de novia. No supe quien se encargó de todo, yo no fui requerida para participar, una vez más me sentí sin vida propia, sin ser tenida en cuenta, sin voz ni voto.

Era un títere en las manos de él. Dos días antes de la boda hice mi último esfuerzo por escapar, aunque sabía que me mantenían vigilada. Eran las siete de la noche, estaba oscureciendo y regresábamos de la prueba de mi vestido y al bajarnos del carro, vi que todos estaban entretenidos en las cosas que me habían comprado; sigilosamente caminé hasta la puerta y salí corriendo desesperadamente por la calle, llegué a un puente y me metí debajo escondiéndome. Agachada ahí observé como pasaron buscándome, cuando sentí algo duro sobre mi cabeza, me quedé paralizada sin poder moverme, otra vez era él con una pistola. Le dije que me matara. Sin decir palabra, me tomó fuertemente del brazo y me llevo de regreso a la casa.

Observé que llegó mi tía, preguntó que sucedía, entonces casi gritando le dije que no quería casarme, ella me pregunto: —Pero hija ¿Por qué no quieres? Si ya todo está listo—. Respondí que no quería estar con él, mi tía agachando la cabeza entró en la casa, momento que él aprovechó para tomarme por el cabello y muy enojado me dijo: —Nos vamos a casar quieras o no—. Volvió a amenazarme con lastimarnos a mi papá y a mí, me armé de valor y le grité: —¡Prefiero que me maté, pero no me voy a casar con usted porque lo odio!—. Repitió las dos bofetadas en mi rostro que lograron una vez más que me callara. Era nadar contra la corriente en un río de aguas enfurecidas.

CELEBRACIÓN

El día de mi boda católica, muy temprano estaba todo listo. Llegaron dos señoras a maquillarme y peinarme, me ayudaron a vestir y nos fuimos a la iglesia. Ahí se encontraban la mamá de él y dos de sus sobrinos y por parte de mi familia estaban mis tíos, hermanas y abuelito. Busqué con la mirada a mi papá, pero no lo pude ver.

El sacerdote estaba junto a él en la puerta de la iglesia para recibirme, mi abuelo fue quien me entregó, con la mirada hacia abajo y lágrimas en los ojos caminé hacia el altar, a través de la iglesia adornada muy bonita. Cuando el cura preguntó: —Si alguien tiene algo que decir que lo diga ahora—, se hizo un silencio profundo. Solo se escuchó un sollozo callado. El padre empezó con la ceremonia. Cuando me preguntó, si aceptaba por esposo a... y dijo su nombre, no respondí, hasta que me preguntó por tercera vez, volteé hacia atrás. Me di cuenta de que la iglesia estaba llena de pocos conocidos y muchos hombres armados con pistolas en la cintura, me recorrió un escalofrío y respondí que sí.

Se terminó la ceremonia y todos salimos de la iglesia, de pronto vi a mi papá, estaba lejos, a más de mil metros de distancia, quise ir a buscarlo, pero no me dejaron, cuando se dio cuenta de que lo había visto se escondió detrás de unos barandales.

Nos dirigimos a un salón de fiestas, ya estaba lista la comida, licor y música con un grupo musical por demás reconocido. Una gran fiesta, sólo mis hermanas asistieron. Le pregunté a una de ellas si había visto a papá y me contestó que sí, que no se acercó porque no quería que me casara pues sabía cómo ocurrió todo, pero se sentía muy mal por no poder hacer nada debido a las amenazas de muerte.

¡Sentí tanta tristeza! Tenía que resignarme al destino de quedarme con alguien que ya era mi esposo, tendría que aceptarlo. Así fue como decidí estar presente en la celebración, miraba a la gente divirtiéndose y riéndose a carcajadas, bailaban y tomaban cerveza y licor.

Cuanto más los veía, más enojo sentía, mientras él recibía abrazos y palabras de felicitación, yo me llenaba de rencor hacia esa gente desconocida a la que yo le era indiferente. Con disimulo me quité el anillo de boda y lo tiré en un bote de basura. Ese día tomé mucho vino, hasta perder el control y quedarme dormida. No sabía que efectos producía el alcohol, al parecer me llevaron cargando hasta la casa, porque yo no podía caminar. Desperté en una cama de hospital, tenía conectado oxígeno y suero porque estaba muy deshidratada por el vino. Cuando abrí los ojos al primero que vi fue a ese hombre junto a mí. Volví a cerrar los ojos mientras dos lagrimas rodaban por mis mejillas. Un dolor de cabeza muy fuerte era lo único que sentía. Desde ese día no volví a probar una gota de alcohol y menos porque pronto llegarían a mi vida razones poderosas para seguir adelante: mis hijos.

REFLEXIÓN
NUEVA HISTORIA

Hay instantes tan estrechos, difíciles y diminutos, que pareciera que no tienen salida, porque limitan los rincones más ocultos de nuestro pensamiento, arrojando sobre este, incertidumbre y desaliento, al atrapar nuestra mirada entre los muros helados del viciado razonamiento, que anula nuestra valía y confunde la brújula que conduce hasta la ansiada senda de nuestro porvenir.

Esos puntos de quiebre, son también las primeras letras de una aventura fresca y cantarina que nutre el espíritu y matiza de soberbias tonalidades cada página que escriba en su libro del aquí y el ahora.

Conquiste con humildad cada contratiempo y permita que suceda el cambio trascendental que lo lleve hacia una nueva realidad.

CAPÍTULO NUEVE

LA EXPERIENCIA DE SER MADRE

«El amor de una madre es como la paz. No necesita ser adquirido. No necesita ser merecido».

—*Erich Fromm*

DE VUELTA A LA FELICIDAD

El día menos esperado desperté con un malestar en el estómago, así que me levanté y dirigí a la cocina, puse un poco de agua a calentar para prepararme un té de manzanilla y lo endulcé con dos cucharadas de azúcar. Pensé que eso mejoraría mi malestar, pero con el primer trago vomité de inmediato. Tomé otro trago y sentí como mi barriga se rebelaba, entonces no lo intenté más. En adelante toda la comida me provocaba nauseas, no sabía que era lo que me estaba pasando. Desde ese día comía muy poco, por dos meses más estuve así, yo no tenía amistades y vivía encerrada por lo que no platicaba con nadie.

Cuando ya habían pasado tres meses, él decidió llevarme al doctor, quien me envió a hacer unos análisis, cuando estuvieron los resultados, me preguntó: —¿Dónde está tu esposo?—. Él había salido un momento, lo llamé y al entrar al consultorio, preguntó que me sucedía, el médico dijo: —¡Felicidades está embarazada!—. Pregunté otra vez qué tenía y dijo: — Estás embarazada—.

¡Voy a ser papá! dijo él gustoso.

PRIMERA BENDICIÓN

En ese momento mis ojos se llenaron de un brillo único, inexplicable, me sentí tan feliz, llena de amor y ternura. Sólo imaginé el día en que tuviera a mi bebé entre mis brazos. Ni siquiera pensé en todo lo que había sufrido. No sabía cómo había quedado embarazada, pero desde el primer momento amé a ese ser que se empezaba a formar dentro de mí, sentí la esperanza de una nueva vida y que Dios me estaba dando otra oportunidad, algo no explicable con palabras, sencillamente maravilloso.

Me llené de una fuerza y energía impresionantes y después de tanto tiempo una sonrisa se asomó en mis labios, no pude contener el llanto, pero esta vez era de inmensa alegría, agradecimiento y felicidad autentica.

Desde ese momento mi vida dio un giro de 180 grados, ya que ahora tenía un motivo para seguir adelante, para sentirme viva, ya no tendría más una existencia vacía. Me encantaba observar cada mañana como mi vientre iba creciendo, disfrutaba la idea de vivir para cuidar a un ser indefenso que no había pedido venir al mundo y yo estaba dispuesta a dar mi vida por mi hijo o hija.

Él cambió totalmente su forma de tratarme, se volvió cariñoso, me cuidaba como si fuera algo de cristal, alguien que se podía quebrar. Empezaron las complacencias, se le había olvidado la forma en que me había raptado. Fue entonces cuando un pensamiento perturbador se apoderó de mí, ese ser tan despreciable, aunque pareciera diferente, era el padre de mi hijo.

Pasaron los meses y una mañana de junio desperté con un dolor muy fuerte en la cintura. Era insoportable, fui sintiendo como si los huesos de mi cadera se me estuvieran separando, no aguanté más y le llamé por teléfono a su trabajo para que fuera a la casa.

Cuando llegó me preguntó que tenía, le dije lo que estaba sintiendo y de inmediato se fue a buscar a la partera que me estuvo atendiendo durante el embarazo. Ella estuvo conmigo mientras los dolores aumentaban de intensidad, hasta la madrugada del siguiente día cuando nació mi hijo. Tomándolo entre mis brazos, mi corazón palpitaba acelerado, no me importaba nada más que mi lindo bebé, con sus manitas tan pequeñitas y su tierna carita, desde ese momento sublime me dediqué a cuidarlo en cuerpo y alma.

SEGUNDA Y TERCERA BENDICIÓN

Él volvió a sus salvajadas y no respetó la cuarentena, ni que yo me sintiera mal, volvió a tomarme y a los dos meses ya estaba embarazada otra vez. Cuidaba a dos bebés, uno que cargaba en brazos y otro en mi vientre. La experiencia más maravillosa volví a vivirla, nació mi pequeña Margarita, mi florecita hermosa.

Era como si Dios me estuviera recompensando todo el dolor que había pasado. Mis bebés solo se llevaban un año y yo era inmensamente feliz, porque la luz volvía a tener brillo y las estrellas aparecían de nuevo en el firmamento.

Mientras criaba a mis dos hijos pasaron siete años, cuando volví a embarazarme, otra hermosa niña llegó a mis brazos, mi corazón pertenecía ahora a tres personitas que Dios me había regalado. Ya tenía por quien vivir, por mis tres bendiciones.

Le agradecí a Dios por esa bella experiencia, sembré mucho amor en la vida de mis hijos para que aprendieran a amarse y fueran seres felices. Nunca les inculqué rencor, han amado a su padre por el simple hecho de serlo, nunca les hablé mal de él porque ahora sé que simplemente viví esa vida para poder experimentar la bonita experiencia de ser madre.

REFLEXIÓN

LA CARICIA DE SU VOZ

Hay en mi interior una suave vocecita que me acaricia desde dentro de mí y le susurra a mi cuerpo los más dulces sortilegios. Es tan lindo escucharla en medio del más profundo silencio, que me seduce por completo para amarle aún antes de conocerle.

Me envuelve con la más embriagadora ternura y me transporta a la maravillosa tierra de las ilusiones anheladas donde el sonido del amor más exquisito me llama: —Mamá—. Y me permite sentir al pedacito de cielo que se forma con perfección exquisita dentro de mi abultado vientre milagroso.

¡Ustedes son mi vida hijos!

CAPÍTULO DIEZ

ESCAPANDO HACIA LA LIBERTAD

«La libertad primero hay que aceptarla, después planificarla y finalmente, disfrutarla».

—*Picasso*

OPORTUNIDAD

Cierto día en la mañana, llegaron muchos hombres armados a nuestra casa y le pidieron a él que los acompañara porque su jefe quería hablarle.

Se lo llevaron en una camioneta blanca, no supe más de él hasta la tarde de ese mismo día. Lo habían arrestado porque había participado en el asesinato de un político con mucho dinero y poder. Lo acusaron de homicidio y fue encontrado culpable por las pruebas en su contra, fue condenado a cuarenta y cinco años de cárcel sin derecho a fianza.

Después de unos días mi padre supo lo que estaba pasando, fue a verme, habló conmigo y me pidió que dejara a mis hijos a su cuidado para que aprovechara la oportunidad de emigrar a Los Estados Unidos con mis hermanos y hermanas.

A la vez platicamos de que nunca quiso hacer amistad con él, porque sabía que me había llevado por la fuerza, contra mi voluntad. Me pidió que lo perdonara porque no pudo defenderme ya que siempre estuvo amenazado. Yo solo lo abracé y me puse a llorar desconsolada. Después de unos segundos le dejé saber que yo no podía irme del país y dejar a mis hijos porque ellos eran mi vida, por quienes aún estaba de pie, mi fuerza, mi empuje para salir adelante y no dejarme vencer, le dije: —Los amo con todo mi corazón, son mis tesoros, no los abandonaré nunca—.

Mi papá se puso a llorar, recordó que él sí tuvo el valor de dejarnos solos, volvió a pedirme que lo perdonara también por eso y me dijo que respetaba mi decisión. Antes de despedirnos le aclaré: —Hace mucho tiempo te perdoné papá, quiero que sepas que te quiero mucho y agradezco que ahora quieras hacer algo por mí, pero ya es demasiado tarde—.

¿QUIÉRES AGUA?

Él ya estaba prisionero por lo que había hecho y yo creía que tenía la obligación de estar con él como su esposa, nos encontramos a solas con nuestra niña de apenas tres años. El guardia nos dejó en un cuarto muy pequeño y frio. Había una pequeña cama de cemento con unas cobijas sucias y malolientes. Me acerqué a la camita con un gran temor en el corazón, no me gustaba estar ahí. No quería sentir sus manos sobre mí y me dijo: —¿Quieres agua?—. Le contesté que no y acostó a la niña en la camita hasta que se durmió. Empezó a tocarme con esa ansia instintiva que lo caracterizaba, yo no sabía qué hacer, pero quité con asco y rencor sus manos de mi cuerpo. Se enojó y se transformó de nuevo en ese ser violento que tanto me lastimó, diciendo que prefería matarme el mismo antes de que yo le fuera infiel. Se abalanzó sobre mí y puso sus manos alrededor de mi cuello apretando con fuerza e impidiéndome gritar. Sintiendo que me faltaba el aire, perdí el equilibrio y caí sobre la cama, despertando a mi niña que asustada comenzó a llorar muy fuerte, esto lo distrajo y aproveché para empujarlo, abrazando a mi hija. Mientras él se agarraba la cabeza, le grité al guardia, quién estaba cerca y abrió rápido la puerta, pude salir con mi niña en brazos y nunca más volví.

UN NUEVO COMIENZO

Después de unos meses Dios puso la oportunidad para que por fin emigrara a los Estados Unidos junto con mis tres hijos, sentí que era una puerta a la libertad, a un nuevo amanecer así que no lo pensé mucho y me atreví.

La travesía fue difícil, ya que nos encontramos con unas personas que no conocíamos que nos llevaron hasta el aeropuerto de la Ciudad de México, dónde abordamos un avión hacia Ciudad Juárez, Chihuahua. De ahí nos fuimos hasta Sonora y por la noche salimos rumbo a un cerro con matorrales llenos de espinas, después pasamos por un lugar que parecía un desierto sin salida, donde solo podíamos ver arena. Éramos un grupo de aproximadamente ochenta personas y parecía que por fin estábamos escapando hacia la libertad, aunque en esos momentos de incertidumbre, trataba de valorar si estaba escapando o entrando a otro cautiverio. En un lugar así de solitario, inhóspito, en condiciones tan adversas de sed, hambre, frio y calor sin duda se pierde la brújula de la certeza e invade el miedo y una inmensa incertidumbre ante lo desconocido.

Sin embargo, un rayo de esperanza aparecía por momentos y pensaba en que todo sería mejor que seguir viviendo en donde no deseaba estar más, aquel lugar en el que solo existían pensamientos de desesperanza y de impotencia, por eso era preferible arriesgarse y persistir hasta lograrlo si fuera posible. Solo quería alejarme y escapar de las amenazas, los malos tratos, la violencia en todas sus formas y dejar de vivir como esclava. Quise ver otros horizontes, otro estilo de vida, otro despertar sin sobresaltos, poder soñar, como cuando era niña, aunque ya con un sueño apegado a la realidad.

Por fin pude ver otra tierra y respirar profundo cuando sentí la seguridad del suelo de Los Estados Unidos. Desde la frontera sur debimos recorrer otro muy largo tramo, hasta que a lo lejos pudimos apreciar la gran ciudad de Chicago, sus luces parecían alumbrar nuestro camino. La luna brillaba intensa esa noche y las hojas de los árboles lo tapizaban todo con un hermoso color otoñal.

Ilusiones desbordantes ante una realidad añorada. Sentí una gran emoción, por fin mis hijos y yo lejos del yugo, pero sobre todo libres.

Ahora no me preocupo de ese pasado que quedó atrás, esta perdonado, he sanado las heridas, he comprendido que todo ha sido parte de la escuela de mi vida, de las lecciones que vine a aprender para convertirme en una mejor persona y conectar con mi propósito de vida.

¡Todo es diferente, lo vislumbramos desde otra perspectiva!

Estoy agradecida con Dios y con este país al que emigré, por recibirme, permitirme estar aquí y darme la oportunidad de albergar otro estilo de vida, sin miedos ¡Valió la pena recorrer todo ese camino escapando hacia la Libertad!

REFLEXIÓN
VIVIENDO EN LIBERTAD

He decidido disfrutar cada obsequio que Dios me da, por eso vacacioné en Chicago y gocé de esta imponente ciudad. Por primera vez me subí a un barco y en mi travesía aspiré el aroma incomparable de la libertad.

El viento travieso que intentaba levantar mi blusa y despeinar mi cabello trajo a juguetear conmigo a la pequeña princesa de las mariposas que alguna vez fui.

No hay obligación ni preocupación que me atormente y el lago Michigan se hace cómplice de mi dicha.

Al encallar y finalizar mi paseo, camino por la orilla y observo detenidamente a la gente a la que, al pasar, contagio con mi sonrisa desbordada de alegría y bienestar.

A solas, medito que los sueños se hacen realidad y arrojo al agua la maleta que contiene todo aquello que ya no quiero cargar. Mientras la miro perderse en esa azul inmensidad, me digo a mí misma que hoy soy libre para volar tan alto y lejos como mis alas me puedan llevar.

EPÍLOGO

No hay fecha que no se cumpla, ni plazo que no se venza, reza un refrán puntual que alude a que toda situación negativa por muy improbable que parezca, tarde o temprano acabará.

La violencia ejercida contra personas inocentes y confiadas, abarca los peores crímenes. Esa insanidad mental acabará, cuando pongamos nuestro granito de arena para que nuestros niños y jóvenes sean educados en el amor y con el respeto que todos merecemos.

La inocencia solo se tiene una vez y cuando se pierde, por siempre perdida está.

Protejamos la ingenuidad de nuestros semejantes, viviendo sin egoísmo, siendo buenos padres, grandiosos hijos, excelentes amigos, hermanos y mejores vecinos.

Debemos estar pendientes del bien común, porque todos necesitamos de los demás para salir adelante en algún momento, ya que a veces basta una palabra para desencadenar o parar un problema, una crisis o una guerra.

Se hace necesario un cambio inmediato, sano y radical, que nos permita modificar la visión deformada que sigue rodeando a las mujeres en muchas sociedades, ya que, como todos ellas son seres hermosos, nacidos libres, llenos de potencial y magnificas posibilidades, con derecho a ser, discernir y decidir bajo los parámetros de la libertad.

No hay más tiempo que perder, debemos unirnos para no permitir que la violencia de género siga sucediendo. Alimentemos el espíritu de los nuestros con valores firmes y bien cimentados, que nos permitan convivir y florecer en la más plena de las libertades.

María Magdalena Domínguez

REFLEXIONES

Amo la vida en Libertad

El recuerdo de la naturaleza sorprendente con los aromas mezclados de un cielo azul, los torrentes de alegría desbordados con sonrisas espontáneas sin límite y la inocencia de la infancia, es como descubrirla sin conocerla, porque ser libre es vivir a plenitud, disfrutar todo lo que está a nuestro alrededor. Amo la vida en libertad simplemente porque nos regala poderosas alas para volar lo más alto y lejos que deseemos.

La vida es maravillosa —¡Sonría, sonría, sonría!—

Desde que nace el ser humano ya tiene ese don de sonreír ante estímulos agradables, así querido lector que no se limite a expresar con palabras lo que realmente siente, deje que una hermosa sonrisa hablé por usted ante cualquier circunstancia o situación adversa que esté experimentando en su vida. Permita a su amoroso corazón responder con cada latido a esas preguntas que revolotean en su pensamiento con una sonrisa y no deje que los malos pensamientos fabricados de la nada se apoderen de su poderosa mente.

Nosotros mismos somos los únicos que podemos solucionar cada problema que se presenta, la fórmula es sencilla, poner el cien por ciento de actitud positiva y un poco más. Le aseguro que nadie puede contra esta desbordante y trituradora habilidad. No se olvide que la sonrisa es el mejor alimento para el alma, armado con ella, los obstáculos son una aventura emocionante que nos mueve la adrenalina, gozando plenamente de lo que está ahí adentro del ser, esperando salir para entrar en acción. Por eso lo invito a vivir al máximo.

Me di cuenta de que mi pasado doloroso llegó conmigo, lo traía arrastrando detrás de mí y me hacía sufrir cada vez que volteaba a verlo, aunque sabía que al no soltarlo me obligaba a tomar acciones nada gratas y a cometer en forma repetitiva los mismos errores. Era como castigarme al cargar una enorme roca sobre mi espalda, haciéndome dar pasos cortos o deteniendo mi avance para no lograr mis propósitos. Hoy puedo decir que ya lo solté y que puedo llegar tan lejos como me lo proponga porque tengo un camino aun por recorrer y una vida con sentido y misión. Ahora en vez de dejar a mi paso amargura, dejó una huella de alegría en mis seres queridos, amigos, en aquellos que me conoce y en ustedes queridos lectores, todo por la sencilla razón que deseo vivir, disfrutar y ser feliz.

Bello es respirar un amanecer sin prisas

Respirar el olor a frescura se siente en el corazón. El aire que lleva notas de esperanza y libertad se escucha como la melodía más hermosa y armónica, inspirando a vivir lleno de fe.

Momentos vividos

Los momentos vividos con intensidad y conciencia son los más hermosos, esos que en cada instante nos transportan a lugares mágicos, donde solo escuchamos y sentimos los latidos de nuestro corazón, con sonrisas espontáneas o miradas llenas de ternura y amor que dejan sabores dulces en la memoria. Disfrute, sueñe, ame, comparta, apoye, dé sin pedir nada a cambio, ofrezca y agradezca cada momento vivido. La vida es solo un instante en la eternidad, compuesta de momentos inolvidables.

ACERCA DE LA AUTORA

María Magdalena Domínguez Morales, nació el 22 de julio de 1965 en Las Tunas, Guerrero, México.

Cursó la primaria en la escuela Renacimiento. Posteriormente, se incorporó con éxito a la Secundaria Plan de Iguala, ESPI. Después de estudiar en la Preparatoria No. 32, ingresó a la Universidad Pedagógica Nacional UPN.

Trabajó por tres años como directora, administradora del jardín de niños y guardería del DIF municipal.

En el año 2000 viajó a los Estados Unidos en compañía de sus hijos persiguiendo el sueño americano, país en donde actualmente vive.

Se desempeñó como *line leader* en una compañía de plástico por doce años y luego laboró como QC (*Quality Control*) y *deaspatcher* en una compañía de comida por espacio de siete años.

Siempre interesada en superarse Magdalena ha tomado los siguientes cursos y diplomados:

2005 «*The Pillars of 5S*» impartido por *Northern Illinois University*, cuyo objetivo es comprender la metodología de las

5S y los pasos de implantación para modificar su modo y ambiente de trabajo.

2008 «Curso básico de liderazgo y superación personal» clase avanzada de entrenamiento enfocada a adquirir o aumentar la confianza en sí mismos, descubrir talentos escondidos y desarrollar las capacidades de liderazgo de cada participante. También curso «clave» clase avanzada de entrenamiento, ambos impartidos por el Instituto de Liderazgo Cristoforsos.

2014 «C.U.I.D.A.R.» Curso Intensivo de Adiestramiento. Impartido por el Instituto de Liderazgo Cristoforo. Entrenamiento avanzado para ser instructor y ayudar a otros a descubrir sus grandes talentos y capacidades.

En la actualidad estudia Inglés en *Wilbur Wright College*.

Además, es autora del maravilloso libro *La historia de Magda*.

ALEJANDRO C. AGUIRRE PUBLISHING/EDITORIAL, CORP.

¿QUIÉNES SOMOS?

Una Editorial Independiente que publica libros, con excelentes contenidos que captan la atención y el interés del lector. Ofrecemos nuevos soportes y materiales, una gran oportunidad para escritores y autores independientes.

Complementando este propósito contamos con nuestra revista neoyorquina bimestral, «Re-Ingeniería Mental Magazine». Dirigida a la comunidad en general de los Estados Unidos y orientada a la difusión de información relevante en temas de interés social. La meta primordial es cumplir con las exigencias del mercado y la satisfacción de nuestros amigos y clientes, con una importante plataforma para promover sus productos o servicios al público.

DECLARACIÓN DE MISIÓN

Contribuir con cada libro y mensaje que nuestros autores transmiten en el desarrollo y la transformación de individuos, grupos y organizaciones. A través de una plataforma enfocada en la autoayuda, la sanación, la productividad y la evolución de todos como humanidad.

Las obras impresas o digitales, los productos en audio y video, las conferencias y seminarios en vivo y vía Internet y la revista «Re-Ingeniería Mental Magazine», son las tres áreas en las que desarrollamos una gran variedad de contenido en los siguientes ámbitos y temas: Superación personal y familiar, motivación, liderazgo, autoayuda, salud física y mental, re-ingeniería mental, nutrición, belleza, inteligencia financiera, ventas, educación, cultura, arte, novela y poesía, entre otros.

Tópicos necesarios y valiosos para la comunidad que empieza a despertar a una nueva conciencia individual y colectiva, que desea informarse, formarse y empoderarse.

A los propietarios de negocios, empresarios y profesionales les brindamos una plataforma novedosa, interesante y productiva, para dar a conocer lo que ofrecen al mercado.

Alejandro C. Aguirre, mexicano residente en los Estados Unidos, fundador y preside en la actualidad de *Alejandro C. Aguirre Publishing/Editorial, Corp.*

«Una persona usualmente se convierte en aquello que cree que es. Si yo sigo diciéndome a mí mismo que no puedo hacer algo, es posible que yo termine siendo incapaz de hacerlo. Por el contrario, si yo tengo la creencia que sí puedo hacerlo, con seguridad yo adquiriré la capacidad de realizarlo, aunque no la haya tenido al principio».

—Mahatma Gandhi (1869-1945)
Abogado, pensador y político hindú.

OTROS TÍTULOS EN ESPAÑOL

1. Cómo Ser una Persona Resiliente (Gabriela Domínguez)
2. El Camino a la Felicidad y El Éxito (Israel Vargas)
3. Emociones Que Dañan (Alvin Almonte)
4. El Poder de Conocerse A Sí Mismo (Lucio Santos)
5. El Poder de la Fe y la Esperanza (Minerva Melquiades)
6. La Guerrera Soñadora (Mercedes Varela)
7. Rompiendo Barreras Mentales (Miguel Urquiza)
8. Una Vida con Enfoque (Lucio Santos)
9. Yo Quiero, Yo Puedo y lo Haré (Yenny Amador)
10. Cuando Decidí Emprender (Jeanneth C. Rodríguez-Gutiérrez)
11. Catálogo 2017- 2018 (Abraham Sermeño)
12. Belleza Espiritual (Ninfa Siskos)
13. La Nueva Potencia (Juan F. Ramos)
14. El Tesoro de la Vida (Jaime Iván)
15. El Camino a la Excelencia (Alejandro C. Aguirre)
16. Diseñados Para Triunfar (Alejandro C. Aguirre)
17. Invencible (Alejandro C. Aguirre)
18. Las Siete Gemas del Liderazgo (Alejandro C. Aguirre)
19. Re-Ingeniería Mental (Alejandro C. Aguirre)
20. El Gran Sueño del Pequeño Alex (Alejandro C. Aguirre)
21. Re-Ingeniería Mental II (Alejandro C. Aguirre)
22. La Verdad del Espiritismo (Alejandro C. Aguirre)
23. Re-Ingeniería Mental en Ventas (Alejandro C. Aguirre)
24. Re-Ingeniería Mental en el Arte de Hablar en Público (Alejandro C. Aguirre)
25. Vitaminas Mentales para Condicionar una Mente Positiva (Alejandro C. Aguirre)
26. El Gran Sueño del Pequeño Alex 2 (Alejandro C. Aguirre)
27. Respirar Bien es Esencial para Vivir (Alejandro C. Aguirre)
28. Amor Propio (Alejandro C. Aguirre)
29. Aprendiendo a Vivir (Lucio Santos & Angelica Santos)
30. Despertar (Ángela Soto)
31. Renovación (Alejandro C. Aguirre)
32. Huellas de Dios (Alejandro C. Aguirre)
33. El Sueño del Pequeño José (José Francisco Huizache Verde)

34. Lo Que Callamos como Mujeres (Dana morales)
35. Lo Que Callamos como Mujeres II (Dana Morales)
36. ¡Podemos hacerlo! (Catalina Suárez)
37. Voces y Cantos del Alma (Sylvia E. Campos)
38. Voces y Cantos del Alma II (Sylvia E. Campos)
39. La Fuerza de Voluntad (Alejandro C. Aguirre)
40. Mi Perfecto Yo (Liz Arizbeth Rojas)
41. El Poder de las Decisiones (Iván Saldaña)
42. La Dama de Hierro (María Magdalena Márquez)
43. El Gran Sueño del Pequeño Alex 3 (Alejandro C. Aguirre)
44. Corazón Poético (Angela Soto)
45. El Palacio de Cristal (María A. Medina)
46. Luz de Esperanza (Teresa Tlapa)
47. Las Reglas de la Vida (Iván Saldaña)
48. La Importancia de la Lectura (Alejandro C. Aguirre)
49. Mujer Osada (Tony Xiomara)
50. Fortaleza Inquebrantable (Janneth Hernández)
51. Josué, El Caracolito Perdido (Blanca Iris Loría)
52. Imparable (Marisol Hernández)
53. La Sagrada Familia de Sofía Joy (Annia Ossandón)
54. Yo Quiero, Yo Puedo y Yo Soy Capaz (Miriam Cortés Goethals)
55. Alma Valiente (Elizabeth Meraz)
56. Desde Tu Despertar (Cecy Hernández)
57. Re-Ingeniería Mental III (Alejandro C. Aguirre)
58. Re-Ingeniería Mental en el Arte de la Escritura (Alejandro C. Aguirre)
59. Correspondencia del Metro Balderas a Nunca Jamás (María Ángeles)
60. Las Princesas de Naranja (María Ángeles)
61. Cómo lo Logré (María Magdalena Márquez)
62. Entre La Vida y La Muerte (Diana Rodríguez)
63. ¡Auxilio! Estoy Perdiendo El Amor de Mi Vida (Erika Gabriela Rivera)
64. Suelta Tus Miedos y Comienza a Volar (Fanny Reyes)
65. Transformación (Daisy Hanis)
66. Evolución Emocional (Armando Bernal)
67. Reflejos del Alma (Karina Reynoso)
68. Reflejos del Alma II (Karina Reynoso)
69. La Leyenda del Caballero Negro (Fanny Reyes)

70. De Nieve y Navidad (María Ángeles)
71. Niños Magos (María Ángeles)
72. Mujer de Alto Poder (Ana Melendez)
73. El Parientito (María Ángeles)
74. El Decálogo del Éxito (Lucio Santos)
75. Escuela para Padres (Alejandro C. Aguirre)
76. Vacío Existencial (Alejandro C. Aguirre)
77. Demokratis (Hugo Franco)
78. ¡Ahora o Nunca! (Oscar Bucio)
79. La Historia de Magda (María Magdalena Domínguez)
80. Ciudadana del Cielo (Azucena del Castillo)
81. Suelta y Déjate Guiar (Cynthia Luna)
82. Imparables (Dana Morales, Maribel González y Guadalupe Miranda)

OTROS TÍTULOS EN INGLÉS

1. Invincible (Alejandro C. Aguirre)
2. The Dream of Little Joseph (José Francisco Huizache Verde)
3. Josue, The Lost Little Snail (Blanca Iris Loría)
4. The Orange Princesses (María Ángeles)
5. Of Snow and Christmas (María Ángeles)

RE-INGENIERÍA MENTAL MAGAZINE

1. Re-Ingeniería Mental Magazine: 1ra. Edición: Septiembre-Octubre 2019 (Salud Integral)
2. Re-Ingeniería Mental Magazine: 2da. Edición: Noviembre-Diciembre 2019 (Amor Propio)
3. Re-Ingeniería Mental Magazine: 3ra. Edición: Enero-Febrero 2020 (Renovación)
4. Re-Ingeniería Mental Magazine: 4ta. Edición: Marzo-Abril 2020 (Erudición)

Información y ventas ver «CATÁLOGO OFICIAL» en www.alejandrocaguirre.com.

LA HISTORIA DE MAGDA